KEVIN DULOT

WebApp et XML

KEVIN DULOT

WebApp et XML

Étude et développement d'une web
application: recherche et consultation de
documents XML (JSP/Apache Solr)

Éditions universitaires européennes

Mentions légales/ Imprint (applicable pour l'Allemagne seulement/ only for Germany)

Information bibliographique publiée par la Deutsche Nationalbibliothek: La Deutsche Nationalbibliothek inscrit cette publication à la Deutsche Nationalbibliografie; des données bibliographiques détaillées sont disponibles sur internet à l'adresse http://dnb.d-nb.de.
 Toutes marques et noms de produits mentionnés dans ce livre demeurent sous la protection des marques, des marques déposées et des brevets, et sont des marques ou des marques déposées de leurs détenteurs respectifs. L'utilisation des marques, noms de produits, noms communs, noms commerciaux, descriptions de produits, etc, même sans qu'ils soient mentionnés de façon particulière dans ce livre ne signifie en aucune façon que ces noms peuvent être utilisés sans restriction à l'égard de la législation pour la protection des marques et des marques déposées et pourraient donc être utilisés par quiconque.

Photo de la couverture: www.ingimage.com

Editeur: Éditions universitaires européennes est une marque déposée de Südwestdeutscher Verlag für Hochschulschriften GmbH & Co. KG
Dudweiler Landstr. 99, 66123 Sarrebruck, Allemagne
Téléphone +49 681 37 20 271-1, Fax +49 681 37 20 271-0
Email: info@editions-ue.com

Produit en Allemagne:
Schaltungsdienst Lange o.H.G., Berlin
Books on Demand GmbH, Norderstedt
Reha GmbH, Saarbrücken
Amazon Distribution GmbH, Leipzig
ISBN: 978-613-1-55200-7

Imprint (only for USA, GB)

Bibliographic information published by the Deutsche Nationalbibliothek: The Deutsche Nationalbibliothek lists this publication in the Deutsche Nationalbibliografie; detailed bibliographic data are available in the Internet at http://dnb.d-nb.de.
 Any brand names and product names mentioned in this book are subject to trademark, brand or patent protection and are trademarks or registered trademarks of their respective holders. The use of brand names, product names, common names, trade names, product descriptions etc. even without a particular marking in this works is in no way to be construed to mean that such names may be regarded as unrestricted in respect of trademark and brand protection legislation and could thus be used by anyone.

Cover image: www.ingimage.com

Publisher: Éditions universitaires européennes is an imprint of the publishing house Südwestdeutscher Verlag für Hochschulschriften GmbH & Co. KG
Dudweiler Landstr. 99, 66123 Saarbrücken, Germany
Phone +49 681 37 20 271-1, Fax +49 681 37 20 271-0
Email: info@editions-ue.com

Printed in the U.S.A.
Printed in the U.K. by (see last page)
ISBN: 978-613-1-55200-7

Remerciements

Parmi les remerciements que j'ai à adresser en général, je tiens à dire un merci particulier à :

     André Davignon en tant que Responsable du PANDoc et tuteur professionnel, pour m'avoir accueilli au sein de son service. Il m'a prodigué ses conseils et m'a dirigé tout au long de ce stage.

     Rémi Coulom, Enseignant en Master ID et tuteur universitaire, pour son écoute et pour s'être assuré du bon déroulement de ce stage.

     Rémy Delmotte, Ingénieur au PANDoc, pour sa disponibilité, son aide précieuse, et sa sympathie permanente.

     Céline Verniest, Chargée de mission, pour son soutien et la bonne humeur qu'elle a véhiculée au sein de notre bureau.

Je tiens également à remercier toutes les personnes du PANDoc pour leur accueil, leurs sympathies et qui ont de près ou de loin contribué au bon déroulement de mon stage.

Table des matières

Introduction

Ce livre présente le stage de fin d'étude que j'ai effectué au Centre d'Études Techniques de l'Équipement Nord-Picardie, au sein du service du Pandoc (Point d'Appui National Documentaire) située à Lille.

Son déroulement s'est effectué pendant une période de 24 semaines, du 16 Février au 31 Juillet 2009 sous la tutelle d'André Davignon, responsable du Pandoc. Ce stage constituait la dernière étape du Master Informatique et Document dispensé à l'université de Lille III.

Dans le cadre de cette formation, un projet de groupe avait été réalisé dont l'objectif était de reproduire une application de recherche/consultation de notices bibliographiques, initialement développée par le Pandoc, à partir de la plateforme de publication Apache Cocoon et du moteur de recherche Apache Solr. C'est dans la continuité de ce projet que m'a été proposé ma mission de stage.

La diffusion de documents XML spécifiques (notices) agrémentée par des possibilités de recherche constitue un des domaines d'activité du Pandoc. Les applications actuelles existantes sont fonctionnelles mais leurs évolutions sont incertaines. En effet, une des technologies du framework Apache Cocoon se voit disparaître dans les nouvelles versions. De plus, de multiples études ont été menées sur le moteur de recherche Apache Solr. Le Pandoc se laisse ainsi entrevoir de nouvelles perspectives pour leurs futures applications.

Tous les outils développés se doivent de respecter les obligations fixées par la circulaire ACAI (Architecture Centralisée des Applications Informatiques N°2002-58 du 23 septembre 2002). C'est ainsi que le Pandoc se tourne depuis quelques années vers le monde des logiciels libres et y contribue en proposant notamment leur logiciel documentaire Notix sous licence GPL. C'est donc naturellement qu'il suit leurs évolutions et étudie les nouveautés en la matière.

L'objectif de mon stage était de déterminer les alternatives envisageables au niveau des frameworks et des technologies pour concevoir un prototype d'application de recherche et de consultation de documents XML.

Dans un contexte de mode et d'évolution où il faut tenir compte des contraintes du Pandoc liées à la circulaire ACAI du ministère, aux ressources disponibles et ses orientations vers le libre, quelles stratégies de développements peut-on adopter pour garantir une certaine pérennité dans la conception d'une application ?

Après avoir présenté l'environnement du stage et la mission, nous détaillerons l'étude portant sur les solutions pouvant offrir une réponse à notre problématique et qui répond ainsi aux besoins en prenant compte des moyens et des contraintes. Nous enchaînerons sur des aspects de la réalisation du prototype d'application mise en œuvre à partir des solutions choisies. Enfin nous terminerons par une réflexion sur le logiciel libre suivis d'un bilan de ce stage stipulant les difficultés rencontrées et les apports personnels qu'il a pu me fournir. On y trouvera également des annexes contenant explications, documentations complémentaires ou encore des extraits de codes sources liées à mes développements.

1 Présentation

1.1 Environnement du stage

1.1.1 Le Centre d'Études Techniques de l'Équipement

Le Centre d'Études Techniques de l'Équipement (CETE) est un bureau d'ingénierie publique au service des collectivités territoriales, des organismes publics, parapublics, privés ou des services de l'État.

Le CETE Nord-Picardie est membre du Réseau Scientifique et Technique du Ministère de l'Écologie, de l'Énergie du développement durable et de l'aménagement du territoire (MEEDDAT). Coordonné par la Direction de la Recherche et des Affaires Scientifiques et Techniques (DRAST), il rassemble les 7 CETE du territoire national et la Direction Régionale de l'Équipement d'Ile-de-France (DREIF).

Service de proximité basé à Lille et Saint-Quentin, le CETE Nord-Picardie apporte sa connaissance précise des territoires de sa zone d'action et ses compétences techniques, pour aider à éclairer les décisions publiques, animer des réseaux professionnels et diffuser les règles de l'art et les nouvelles méthodologies. Il apporte son expertise dans la définition et la préparation des chantiers répondant aux politiques publiques, parmi lesquelles l'aménagement et la gestion des territoires, les infrastructures de transports, l'urbanisme et l'environnement.

1.1.2 Le service du PANDoc

Le CETE Nord-Picardie abrite le Point d'appui National Documentaire (PANDOC), service du Département Informatique, Organisation et Documentation électronique, (DIODÉ). Il fut créé en 1997 du rapprochement du CSNEE (Centre Serveur National de l'Équipement et de l'Environnement) et de la cellule « Systèmes documentaires » de l'Association DOCAMENOR (DOCumentation AMEnagement du NORd).

Le Pandoc intervient dans des affaires à caractère informatique et documentaire, en particulier dans les domaines qui exploitent cette double compétence. Il réalise des missions pour le compte du MEEDDAT, et parfois pour d'autres ministères.
Plus précisément, on retrouve diverses fonctions où le Pandoc :

- héberge, donne accès et administre les banques de données documentaires du ministère
- gestion des bases de données hébergées par son centre serveur : Urbamet, Ceddre, Archirès, DTRF, Temis, Isidore...
- assure la maîtrise d'œuvre des applications nationales informatiques du domaine
- assiste la maîtrise d'ouvrage centrale pour la conduite et le pilotage d'études
- effectue des prestations de conseil, d'assistance ou de maîtrise d'œuvre
- assure la formation des utilisateurs
- effectue une veille technologique dans le domaine

CETE Nord-Picardie

Organigramme du CETE NP

1.1.3 Système d'information documentaire du Pandoc

La documentation au MEEDDAT définit et met en œuvre la politique documentaire du ministère et regroupe environ 130 centres de documentation. Pour mener à bien ces missions, le Pandoc s'appuie sur un système d'information documentaire sophistiqué, dont les fonctions majeures sont :

- la gestion et la publication de notices bibliographiques
- la gestion de centres de documentation
- la production de documents structurés

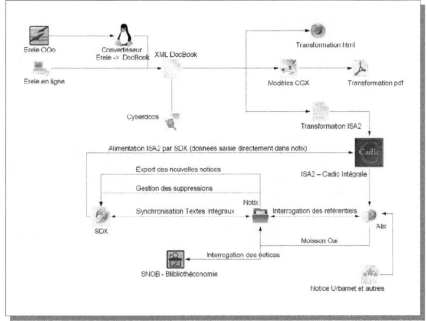

Système d'information documentaire

Ce schéma montre que de multiples applications sont utilisées au sein du Pandoc. Afin d'assurer une interopérabilité entre elles, le choix de l'usage du langage XML a été fait. Ce dernier joue pleinement son rôle de structuration de données en tant que support de communication entre application et support de données brutes. En effet, la principale unité documentaire manipulée au Pandoc est la « notice », fichier au format XML référençant un document. La production, la gestion et la diffusion de ces dernières interviennent au sein d'un circuit bien distinct dans le système d'information documentaire. Différentes applications viennent jouer un rôle précis au sein de ce système.

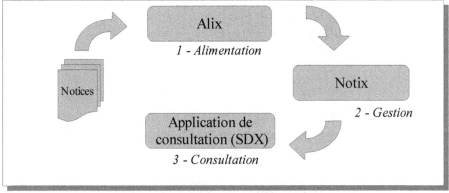

Schéma du circuit des notices bibliographiques

Pour alimenter, administrer et héberger des bases de données documentaires, le Pandoc s'appuie actuellement sur les plate-formes documentaires suivantes :

1. - **AliX** (Alimentation en XML). Il automatise certaines corrections de fond (relatives à l'indexation) et de forme (casse, ponctuation, formats de champs) des notices avant leur versement dans la base de données destinataire, modifiant certains index de Notix.

2. - **Notix** (Notices en XML). Il gère les modèles de notices XML et leur stockage dans une base de données eXist, prenant en charge les index et orientant les traitements correctifs effectués par Alix. Il constitue le logiciel de gestion de fonds documentaire.

3. - **SDX** (Système Documentaire en XML). Développé dans le cadre d'application de consultation, il permet la publication, sous différents formats, et la recherche des notices sur internet. Il s'appuie sur les notices stockées dans Notix. Il repose sur une plate-forme Apache Cocoon et sur le moteur de recherche Lucene.

Toutes ces solutions ont été développés par la société AJLSM et sont en production. Par ailleurs, elles font encore l'objet de développement constant, notamment Notix. Les intérêts majeurs de ces solutions sont qu'elles sont libres et basées sur les technologies XML et Java.

1.2 Le choix des logiciels libres

1.2.1 Projets libres et Open Source

1.2.1.1 Définitions

Afin de mieux cerner la notion de logiciel libre, nous allons la définir. Un logiciel libre est un logiciel dont la licence dite libre donne à chacun et sans contrepartie, le droit d'utiliser, d'étudier, de modifier, de dupliquer, et de diffuser (donner et vendre) le dit logiciel. Les logiciels libres constituent une alternative à ceux qui ne le sont pas, qualifiés de « propriétaires ». La notion de logiciel libre ne doit se confondre ni avec celle de logiciel gratuit (freewares), ni avec celle de partagiciel (shareware), ni avec celle de domaine public. Il est également à noter que les libertés définies par un logiciel libre sont bien plus étendues que le simple accès au code-source, ce qu'on appelle souvent logiciel à « code source ouvert » ou Open Source. Mais néanmoins, la notion de logiciel Open Source est reconnue comme techniquement comparable au logiciel libre. A la différence que le logiciel libre a plus une finalité philosophique et politique de la licence alors que l'Open Source met l'accent sur la méthode de développement et de diffusion du logiciel.

D'après la « Free Software Foundation », la définition d'un logiciel libre repose sur 4 libertés:
- La liberté d'exécuter le programme pour tous les usages.
- La liberté d'étudier le fonctionnement du programme, ce qui suppose l'accès au code source.
- La liberté de redistribuer des copies, ce qui comprend la liberté de vendre des copies.
- La liberté d'améliorer le programme et de publier ses améliorations, ce qui suppose, là encore, l'accès au code source.

Logotypes « copyleft » , « FSF » et « Open Source »

1.2.1.2 Les raisons du choix d'un logiciel libre

Adopter le choix du logiciel libre demande une grande réflexion. Les caractéristiques du logiciel libre font évoluer les mentalités. Bien que qu'elles paraissent séduisantes, il faut être vigilant et bien visionner les enjeux qui en découlent. En effet, bien qu'un logiciel libre n'ait pas de frais de licence et que les possibilités de modification soient totales, il possède néanmoins un coût non négligeable et la notion de partage est à la clé.

Les raisons de son choix se basent sur des principes d'idéologie, de coût, de disponibilité, de réactivité, de partage, de qualité, de pérennité laissant place à la liberté mais aussi une certaine concurrence.

- **Idéologie** : si le principe consiste à dire qu'il ne faut pas jouer le jeu des logiciels propriétaires.
- **Coût** : prix de revient modeste de part la liberté de distribution que leur licence autorise. Vis-à-vis de clients pour une entreprise, on propose souvent des contrats de services associés à leurs logiciels.
- **Réactivité** : l'application développée répond exactement aux besoins, l'ajout de nouvelles fonctionnalités s'exécute rapidement. On retrouve là des notions d'efficacité et de rentabilité.

✔ **Partage** : la licence d'un logiciel libre garantie la diffusion, la consultation et la modification des sources, quiconque peut l'utiliser.
✔ **Qualité** : grâce à l'ouverture des sources, les corrections apportées sont régulières. Les logiciels libres sont ainsi fiables. De plus, le respect des standards est à l'esprit.
✔ **Pérennité** : la disponibilité des sources la garantie, chacun est libre de résoudre les problèmes et modifier à volonté un logiciel libre.

1.2.1.3 Circulaire ACAI du MEEDDAT et logiciels libres

Le Ministère de l'Écologie, de l'Énergie du développement durable et de l'aménagement du territoire (MEEDDAT) fournit un cahier des clauses techniques ACAI (architecture commune des applications informatiques). Elles définit précisément des principes structurants et des guides explicitant les règles d'implémentation à respecter. Des choix techniques et stratégiques sont établis pour permettre l'ouverture des systèmes d'information au public et aux partenaires tel que souhaité par le gouvernement. Elles se trouvent être mises à jour au fil de temps afin de s'adapter aux évolutions.

Au fil du temps, on observe une évolution se portant de plus en plus sur le libre avec cet extrait de la circulaire ACAI de 2002 :
« le titulaire devra s'attacher à proposer des solutions conformes avec les normes et les protocoles standards du marché en veillant :
– à éviter autant que possible les choix propriétaires, par définition trop liés à un fournisseur et peu interopérables ;
– à privilégier les solutions faisant l'objet d'une activité de standardisation ;
– à privilégier les solutions basées sur des systèmes ouverts, modulaires et évolutifs. »

Dans la mise à jour de la circulaire ACAI (version 1.5 de 2005), on s'oriente fortement vers l'utilisation de logiciels et technologies libres :

✔ *« L'actualisation de la liste des navigateurs devant être supportés, notamment Mozilla Firefox 1.0, navigateur issu du monde du logiciel libre ; »*
✔ *« Le choix d'une base de données libre, PostgreSQL pour l'ensemble des développements, Oracle (produit propriétaire) devenant dérogatoire ; »*
✔ *« La prise en compte du format bureautique d'OpenOffice.org ; »*

La circulaire a fait le choix d'une architecture d'application fondée sur l'utilisation des technologies issues de l'Internet et du langage de programmation Java pour la réalisation de ses projets informatiques. Elle tend à s'orienter aussi de plus en plus vers le libre.

1.2.1.4 Le Pandoc et ses choix

La Pandoc a choisi de développer ses applications en tant que projets libres. Cependant, ce choix n'est pas pris à la légère, des réflexions sur le déploiement d'un logiciel libre sont à prendre sérieusement. Tous les coûts doivent être considérés, et il ne faut pas partir sur des aprioris. Nous reviendrons par la suite sur les réflexions à prendre en compte pour de tels projets.

Après résultat d'une réflexion argumentée et étudiée, le choix de concevoir SDX et Notix en tant que « logiciel libre » s'est vu conforter. Cela implique que pour les développer, toute la lignée des briques applicatives et des composants doivent être libres. Les principaux composants contenus au sein des applications du Pandoc sont :

- ✔ le moteur de publication XML, Apache Cocoon
- ✔ le moteur de recherche, Lucene
- ✔ le système de gestion de base de données (SGBD) XML, eXist
- ✔ le serveur d'application Tomcat

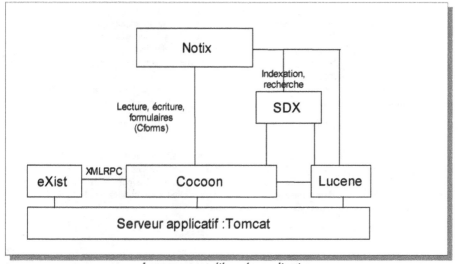

Les composants libres des applications

1.2.2 Notix, un logiciel documentaire de gestion de notices

1.2.2.1 Présentation et bases

Comme indiqué précédemment, Notix est une application de gestion des notices bibliographiques publiée sous licence libre GPL. Cette solution joue un rôle médian entre Alix et les applications de consultation SDX en tant qu'application web de production et de gestion de notices reliées (catalogues et autorités), conçue pour constituer et maintenir des catalogues, dans un environnement réparti avec de nombreux contributeurs. Notix, nativement XML, est entièrement paramétrable et s'appuie sur le SGBD XML eXist et la plate-forme de publication Apache Cocoon.

Notix est un projet d'envergure qui est toujours en évolution. Il a pour vocation au sein du Pandoc de gérer des bases documentaires nationales du ministère. On y retrouve notamment :

- ✔ Urbamet : Banque de données bibliographiques française sur l'aménagement, les villes, l'habitat et le logement, l'architecture, les équipements collectifs, les transports, les collectivités locales etc...
- ✔ Ceddre : Banque de données bibliographiques qui rassemble les études et recherches produites ou financées par le ministère dans ses différents domaines d'activité.

- CDU : Catalogue du fonds documentaire des ouvrages du CDU, Centre de Documentation sur l'Urbanisme.
- Temis : Base de données bibliographiques du Centre de Documentation de l'Aménagement et des Transports (CDAT).
- DTRF : Documentation des Techniques Routières Françaises.

1.2.2.2 Fonctionnalités générales

Notix se veut être un outil complet pour gérer comme il se doit l'ensemble de ses bases contenant des centaines de milliers de notices. Il s'actionne de multiples fonctionnalités:

- **Alimentation des bases** : saisie, modification, suppression et importation de données.
- **Administration des bases** : la gestion des catalogues et des droits des utilisateurs, réinitialisation des instances, réindexation, optimisation des index.
- **Fonctionnalités de recherche** : recherche simple et complexe, suggestion de termes, historique de recherche, gestion des favoris pour la recherche, panier.
- **La consultation des données** : visualisation de notices et visualisation de la liste des résultats de recherche.

1.2.2.3 Fichier RDFS

Pour gérer au mieux les documents XML, ils sont confrontés à un schéma XML : le RDFS (RDF Schéma), langage extensible de représentation des connaissances appartenant à la famille des langages du Web sémantique publiés par le W3C. Ce fichier généré par Notix vise à définir une structure des documents d'une base grâce à des classes, des sous-classes et des propriétés. On retrouve ainsi les champs, leurs types, leurs contraintes …

```
<?xml version="1.0" encoding="UTF-8"?>
<notix:instance>
<rdf:RDF>
<rdf:Description rdf:about="Urbamet" xml:id="Urbamet">
     <rdfs:label>Urbamet</rdfs:label>
<dc:title>
Urbamet : L'actualité et la memoire de l'urbanisme, de l'habitat et de la
construction
</dc:title>
<dc:language>fr</dc:language>
<!-- champ d'affichage par défaut -->
<notix:display>TITRE</notix:display>

...
</rdf:Description>
<rdf:Property xml:id="CLE">
<rdfs:label>Clé</rdfs:label>
     <rng:optional>
          <rng:element name="CLE">
               <rng:data type="Key"/>
          </rng:element>
     </rng:optional>
<xf:help> </xf:help>
<dc:description> </dc:description>
</rdf:Property>
...
```

Extrait un fichier RDFS de la base Urbamet

Comme on l'a vu jusqu'ici, Notix a un rôle majeur et bien distinct au sein du système d'information du Pandoc. Mais comme toutes données stockées, ces dernières tendent à être exploitées, recherchées et diffusées et ceux par d'autres outils que Notix.

Plus précisément, ce qui intéresse la mission dont je rends ici compte est le domaine des « applications de consultation et de recherche ». Elles sont actuellement propulsées par SDX et Apache Cocoon.

1.2.3 SDX, Cocoon et les applications de consultation

1.2.3.1 Présentation de SDX

Comme dit plus haut, les applications web de consultation des bases de notices du Pandoc sont produits sous la forme de portail web afin d'être diffusé largement et facilement. Ils sont propulsées par un logiciel nommé SDX (Système Documentaire en XML).

Comme définit officiellement: « SDX est un logiciel libre qui vous permet de construire des applications Web documentaires où la recherche joue un rôle important. Basé sur l'infrastructure Cocoon 2 de la fondation Apache, il permet de construire des sites Web complexes adaptés à vos besoins. » Les deux aspects majeurs de SDX sont ici présents : la construction d'applications web de publication de documents et la recherche au sein de ces documents.

1.2.3.2 Le choix de SDX

La cause première du choix de SDX est la forte demande croissante de sites de consultation. En effet, pour répondre à la demande, un outil pour concevoir des applications de consultation semblait être très adapté. Cet outil pouvait en plus répondre à des problèmes de rapidité de développement tout en ayant des performances et une certaine maturité au sein de l'application. De plus, il fallait garder à l'esprit la possibilité d'une diffusion illimitée, d'où la conception de site web facilement accessible.

SDX s'est vu développé en tant que plate-forme Java qui s'installe sur un moteur de servlets, soit après compilation, soit sous la forme d'une application web déployable. Cette plate-forme offre de multiples avantages. Via des librairies et des développements, le tout sous licence libre, SDX fournit nativement des fonctionnalités complexes comme de la recherche, de la gestion d'historique, de panier ou encore de la gestion de droits utilisateurs. Il offre une mise en place facilitée de ces fonctions avec des avantages tels que l'interopérabilité, de la pérennité et une certaine normalisation. La finalité étant de produire des applications de consultation à partir de « patrons » d'applications qui proposent de la recherche multi-bases, du multilinguisme...

1.2.3.3 Contraintes des applications de consultation

Néanmoins, il est à noter que SDX porte en lui quelques contraintes comme des capacités d'indexation pas très souple, des performances parfois limitées ou encore d'un point de vue non technique, d'une communauté restreinte qui bride l'évolution d'un projet libre comme celui-là. Une certaine dépendance avec le framework Cocoon et la technologie des XSP sur lequel se trouve être basé les « taglibs » de développements de SDX apporte son lot de contraintes également.

1.2.4 Cocoon et la fin des XSP

1.2.4.1 Présentation d'Apache Cocoon

La plate-forme de publication Cocoon constitue le squelette des applications de consultation ou encore de Notix. Apache Cocoon est un framework Open Source permettant de réaliser des applications web flexibles et sophistiquées sur base de XML et XSLT. Les deux caractéristiques majeures de Cocoon sont la publication des pages en de multiples formats (grâce à des transformations XML) et la séparation des tâches. Il a été conçu pour gérer la transformation de documents à la volée, basé sur une idée de programmation par flux de transformations. Cocoon fournit un système de "pipelines" permettant une gestion simplifiée de l'application à travers des patrons d'URL situés dans des fichiers appelés « sitemaps ». Ainsi dans ces pipelines, chaque unité de flux de transformation peuvent être enchaînée avec une autre pour composer une transformation plus complexe. Les données sources de l'information sont au format XML. Il suffit d'appliquer une transformation (XSLT le plus souvent) à celles-ci et de faire varier le module de présentation pour modifier l'apparence ou le format de rendu final : HTML, PDF, ODT … Cette fonctionnalité est réellement pratique lorsque des données doivent être mises à disposition des utilisateurs sous différents formats.

1.2.4.2 Les scripts XSP

Un des points majeurs de Cocoon est la possibilité d'exécuter des scripts Java au sein de ces pipelines. Ces scripts sont contenus dans des pages XSP. Les pages XSP permettent de coder des générations spécifiques à une application qui ne sont pas prises en charge directement par les composants diffusés avec Cocoon. Les XSP ressemblent à des pages dynamiques comme les JSP ou du PHP. On y retrouve la déclaration de nouvelles fonctions, l'appel de ces fonctions ou de fonctions prédéfinies dans des expressions au sein des documents XML habituels. Elles présentent ainsi un atout de logique métier.

1.2.4.3 Les pipelines Cocoon

Représentation d'un exemple de pipeline qui permet l'affichage d'une recherche.

- Récupération de la requête en URL (match)
- Exécution d'un script XSP pour concevoir une requête et interroger une base ou un moteur de recherche (renvoi d'un XML) (generate)
- Application d'une feuille de transformation XSLT / d'un transformer i18n (transform)
- Renvoi sur la sortie le format souhaité (HTML, XML ..) (serialize)

Ce système de pipeline est un principe de base de Cocoon. Notix et en particulier SDX en particulier pour notre cas comprennent beaucoup de script XSP utilisés pour la logique métier. Cependant vis à vis du framework Cocoon, les orientations technologiques tendent à évoluer pour laisser place à des pages XSP quasi obsolètes. La version de Cocoon utilisée jusqu'alors était la 2.1. Mais les versions suivantes, la 2.2 et la 3, se tournent vers d'autres directives et ne supportent plus ce type de script, le bloc XSP ayant disparu. Il laisse place à une migration plus orienté sur JAVA que sur XML. La logique métier étant maintenant confié au principe du « flowscript ».

De cette conséquence, la communauté des versions 2.1 tend donc à disparaître, les mises à jours n'étant plus d'actualité sur cette version. Les supports d'aide se trouvant ainsi limité par la même occasion.

1.2.4.4 L'abandon de Cocoon dans les nouveaux développements

Avec le choix du libre, il faut garder à l'esprit qu'il faut être prêt à évoluer. Cela implique d'effectuer une veille nécessaire sur les logiciels libres de ce domaine. Il faut se tenir à jour sur les outils existants pour ne pas « réinventer la roue » ou se tourner vers des solutions non adaptées. Un besoin de mesurer l'activité des communautés est également important. N'ayant pas le support d'un logiciel propriétaire, la facilité de trouver des références, de la documentation, d'avoir un bon taux d'échange sur les mailing-lists pour obtenir de l'aide, ou encore de vérifier si le projet a de l'avenir pour des futures versions, tout ceux-ci sont des aspects à prendre en compte dans cette perpétuelle évolution des modes et des technologies.

A la vue des dernières orientations de Cocoon, utiliser une ancienne version dans le développement de nouvelles applications ne serait plus forcément judicieux sachant qu'il faille re-développer une majorité de l'existant pour réadapter l'ensemble. De plus, le risque de se contraindre avec des dépendances au framework (exemple du flowscript) peut limiter l'enthousiasme d'une migration.

Le Pandoc décide qu'il est peut être temps de se détacher de ce framework pour de futurs développements et tend à entreprendre l'étude de nouvelles perspectives.

1.2.5 Apache Solr : de nouvelles perspectives

1.2.5.1 Perspectives

Le Pandoc s'engage sur des projets libres (SDX, Notix ...) et souhaite rester dans cette optique. Des travaux de recherches ont été effectués sur le moteur Apache Solr et ce dernier présente un bon nombre de qualités. Afin de mieux cerner son fonctionnement, une étude sur de la recherche fédérée avait été menée. Le Pandoc souhaite vérifier son utilisation dans la pratique par son intégration dans divers projets notamment au sein d'application de consultation et de recherche. On y verrait là un possible remplacement de SDX pour les tâches de recherches et d'indexation.

1.2.5.2 Présentation d'Apache Lucene et Apache Solr

Apache Lucene, une librairie de recherche « full-text » libre (« plein texte »), sous licence Apache. Cette librairie a été conçue en 1999 et a été donnée à Apache en 2001. Elle est entièrement écrite en Java (portée par la suite). Le gros avantage de Lucene est qu'elle est très robuste, très stable et très performante. Du côté technique, Lucene considère un document comme un ensemble de champs. A l'indexation, ces derniers sont typés dynamiquement et leur contenu peut faire l'objet de traitements comme la tokenization ou l'application de filtres.

Apache Solr est un serveur de recherche Open Source basé sur la librairie Java de recherche Lucene. Le but fondamental de Solr est d'accéder à Lucene par le biais d'un service web via l'utilisation de protocole HTTP (GET pour obtenir une réponse / POST pour fournir des documents ou envoyer des requêtes spécifiques). Les requêtes à adresser à Solr sont donc simplement formulées avec une URL possédant de multiples paramètres. Le format d'échange pour communiquer est le XML. Étant basé sur Lucene, Solr hérite de ses puissantes propriétés sur lesquelles viennent donc s'ajouter des APIs XML/HTTP, supportant le principe de cache, de réplication et une interface d'administration Web. Il offre une configuration très avancée des index avec une déclaration dynamique et une notion de typage. Il procure des possibilités de recherche avancées comme la recherche à facettes par exemple et répond aux requêtes selon le format désiré parmi XML, JSON, PHP, Python... Solr est aussi écrit en Java et se trouve être déployable facilement sous forme de Web Application.

Sur le principe global, on fournit à Solr des documents à indexer. Il s'agit ensuite de l'interroger en HTTP afin de récupérer une réponse à traiter et afficher au besoin.

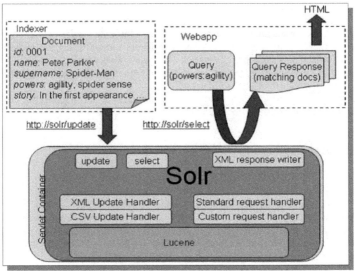

Schéma des processus avec exemple

1.3 Déroulement de la mission

1.3.1 Les évolutions de la mission

L'objet de ce stage qui m'a été proposé consistait donc à étudier la possibilité de construire une application de recherche et de consultation de documents XML avec le moteur de recherche Solr. Le projet s'articulait en plusieurs étapes.

Dans un premier temps, il convenait de comprendre le cadre de travail au sein du système d'information pour saisir le rôle et le fonctionnement global de diverses applications. Ma mission s'est ensuite orientée sur l'étude de solutions telle que des technologies et des frameworks pouvant prétendre à remplacer Cocoon. Cette phase constituait en la recherche d'informations via des supports de cours, de présentation, de tutoriels, de forum ou encore de quelques développements de base à des fins de tests.

De toutes ces informations, une synthèse en découlait afin de répondre aux besoins tout en confrontant les critères reposant sur les contraintes de la circulaire ACAI, du libre et vis-à-vis du type de projet. Une réflexion a été porté sur la faisabilité du projet par rapport aux fonctionnalités attendues. Par la suite, j'ai complété cette étude par une analyse de solutions de formulaires avancés pour des applications web.

La mission s'est axée après sur une partie majeure, la réalisation technique d'un prototype d'application avec la mise en place de Solr. Je suis parti tout d'abord sur un développement qui avait pour structure une base de document très simple pour ensuite évoluer et adapter une base plus complexe (Urbamet).

Bien que le développement du prototype puisse toujours être améliorer ou corriger, la fin de mon stage s'est orienté sur la rédaction d'une documentation. En effet, un guide de mise en place pour réutiliser le prototype ou le faire évoluer (déploiement de l'application ACRN) a été rédigé. Sans cette documentation, il peut être difficile de ré exploiter le travail développé.

1.3.2 La gestion de projet

Afin de gérer au mieux ma mission, j'ai établi un planning prévisionnel sur lequel j'ai réparti l'ensemble des tâches. J'ai réalisé un digramme sous le logiciel libre GanttProject qui modélise la planification des tâches nécessaires à la réalisation du projet. Il me permet ainsi de représenter graphiquement les différentes étapes des études et des réalisations à effectuer par rapport à une estimation du temps de travail. (Cf. annexes pour ces diagrammes de Gannt).

Ces plannings étant prévisionnels, il s'est avéré que ma mission s'est déroulé suivant une succession d'étapes plus ou moins en concordance avec les diagrammes établis. Globalement, il s'est déroulé suivant cet axe :

février	mars	avril	mai	juin	juillet	
Analyse et Étude des besoins	Études des solutions (Frameworks, technologies, architecture, solutions de formulaires avancés, préconisation) + Rédaction	Évaluation et bilan de l'étude	Développement de l'application (architecture, JSP, XSL, Solr...)		Rédaction d'une documentation	Rédaction rapport

Calendrier approximatif du déroulement du stage

2 Études de solutions

2.1 Étude des besoins

2.1.1 La diffusion des notices bibliographiques

Le Pandoc a la nécessité de diffuser ses notices bibliographiques largement et facilement. La réponse à ce besoin comme dit précédemment a été la création de l'outil SDX pour concevoir rapidement avec aisance des applications de consultation sous forme de site web s'orientant ainsi plus vers une idée de SaaS (Software as a Service). En effet, cela permet pour le client de se décharger de la maintenance, de l'exploitation et de l'hébergement des applications. L'informatique est externalisée, et les déploiements plus rapides. Cependant, ces applications web se doivent d'offrir des fonctionnalités d'usage sur ce type d'application, mais aussi une certaine ergonomie et un niveau de performances pour un confort d'utilisation. Avec les orientations du framework Cocoon sur lequel ces applications sont basées actuellement, de nouveaux besoins se laissent entrevoir. L'évolution dans un plan technique nous amène à nous détacher de SDX et s'orienter sur des d'outils permettant la recherche et la création d'index avec des performances et des capacités suffisantes. La rapidité et la pertinence d'une recherche sont des notions importantes car le nombre de notices peut se porter à des milliers (environ 247 000 notices à l'heure actuelle pour une base comme Urbamet).

Ces besoins s'expriment donc sur un niveau technique plus que documentaire. Il faut concevoir le même type d'application existante en se détachant du framework Cocoon et de SDX. Les études menées par le Pandoc montre que Solr est un outil adapté en réponse à ce type de besoin. L'étude de technologies et de frameworks doit déboucher sur une solution pour produire une plate-forme de recherche et de diffusion. Cette solution devra répondre aux besoins des fonctionnalités attendues et aux contraintes que le projet laisse apparaître.

2.1.2 Des besoins adaptés aux choix et aux contraintes

Il faut garder à l'esprit que le système d'information du Pandoc est basé sur l'usage du langage XML. Il permet une interopérabilité et une structuration de l'information. Toutes les notices à diffuser sont dans ce format. De plus, Solr se repose également sur le XML pour les requêtes, pour les réponses, pour ses paramétrages... Partant donc d'un existant, travailler autour de cette technologie est nécessaire et incontournable. Pour ce qui est du langage de programmation, l'utilisation du Java est requis, la circulaire ACAI stipulant que tout développement passera par celui-ci dans la mesure du possible.

Établir une solution qui puisse répondre aux besoins en respectant les choix et les contraintes du projet, telle doit être la réponse à notre problématique. On souhaite concevoir une application de consultation avec une technologie Java et l'outil Solr. Cependant, tout projet apporte aussi ses propres contraintes: les moyens humains et techniques, le temps, les capacités de développement...

On veut obtenir une application indépendante apportant une certaine pérennité et offrant la maîtrise dans l'ensemble de sa conception. Celle-ci a pour idéale d'être réactive, évolutive et de répondre au mieux aux besoins. Le fait qu'on puisse facilement la modifier pour l'adapter à des nouvelles fonctionnalités et la personnaliser est important.

2.1.3 Gestion de formulaires avancés

De plus en plus d'applications apparaissent sur le web. L'interaction avec le client s'effectue dans une majorité des cas avec des formulaires qui peuvent être plus ou moins avancés. Jouant un rôle important, il est recommandable d'apporter une certaine importance dans leurs mises en place et leurs développements. En effet, au sein de Notix, l'emploi de formulaire est assez important et le recours au flowscript de Cocoon est de mise pour la gestion de ces formulaires. Cependant, malgré ses possibilités avancées, la gestion des formulaires Cocoon, les Cforms, est assez complexe et lourde à mettre en œuvre. En plus de ces difficultés, les perspectives de ne plus utiliser Cocoon lors des futurs développements d'application web au sein du Pandoc nous laisse entreprendre une étude visant à trouver une technologie ou un outil qui permettrait une conception avancée et simple de formulaires web avancés.

2.2 Diagnostic

2.2.1 Les fonctionnalités attendues

Le but majeur d'une application de consultation est de diffuser l'ensemble des notices bibliographiques pour une base donnée. Le type d'application attendu ici est un site web, support le mieux adapté pour une diffusion. Il ne nécessite aucune installation de logiciel pour le client.

Les priorités se portent notamment les principes d'indexation, de recherche, et de consultation. Le fonctionnement devra être pensé et conçu pour une utilisation multilingue et avec une possibilité de fonds documentaires en plusieurs langues également. Une interface d'administration sera proposée après un système d'authentification. Cette interface permettra de gérer l'index de la base de consultation (alimentation, suppression...).

Diverses fonctionnalités sont attendues:
- ✔ une zone de recherche simple dans le bandeau de l'application
- ✔ un formulaire de recherche avancée avec liste des termes d'un index et suggestion Ajax
- ✔ une gestion d'un panier de notices recherchées
- ✔ une gestion de l'historique des recherches effectuées pour les relancer ou les modifier
- ✔ une génération de flux RSS pour afficher les nouveautés par exemple
- ✔ de la recherche à facettes pour les recherches de termes ou un affichage par thème
- ✔ des exportations de notices ou de lots de notices dans divers formats (html, pdf, OpenOffice.org ...)
- ✔ une interface d'administration

2.2.2 Les formulaires web

Dans la conception du prototype d'application, on souhaite mettre un place un système de gestion de formulaires avancés. Même si notre application de consultation n'a pas à la base vocation de permettre d'éditer les contenus diffusés, on souhaite mettre en place un système de modification qui pourra être réutiliser ultérieurement dans d'autres projets. C'est ainsi que ce système devra pouvoir être indépendant de l'application, c'est à dire qu'on puisse l'implémenter dans d'autres applications facilement. Les fonctionnalités attendues sont une création et une gestion simplifiée du contenu qu'il doit renvoyer. Pour tester la solution choisie, nous l'implémenterons dans la modification d'une notice XML.

2.3 Études comparatives de frameworks/technologies

2.3.1 Aspects du projet

Ce projet n'est pas d'une grande envergure. En effet, pour la conception du prototype, je suis le seul développeur et le délai de réalisation (sans compter l'étude) se limite à quelques semaines (une douzaine prévue sur le planning). Orienté sur le Java et le XML, il nécessite une base de connaissance non négligeable de ces domaines de compétences. Les solutions pour sa réalisation doivent être adaptées aux technologies web; on souhaite concevoir une application qui a pour vocation d'être diffuser en tant que site web, laissant la possibilité d'implémenter diverses fonctionnalités...

IL faut conserver une des bases du systèmes documentaires du Pandoc, l'utilisation du XML. Il en découle assez logiquement une utilisation du langage XSLT qui parait plus qu'adaptée à différentes situations. Il va permettre de transformer l'information soit dans une logique de présentation soit dans une logique d'un processus de traitement. La seconde notion à prendre en charge est que notre solution doit se combiner avec Solr.

Nous noterons que le choix d'opter pour le logiciel libre induit le fait d'utiliser des technologies, des frameworks et librairies libres. Pour tendre vers des notions de pérennité, de facilité de développements et réexploitation future, on souhaite séparer au mieux les tâches de présentation et de logique métier.

2.3.2 Technologies et Frameworks

Java un langage ayant fait ses preuves dans le monde de l'entreprise par ses concepts objets, sa compilation, sa facilité de portage... Il se trouve utilisé dans de très nombreux projets et frameworks open-source.

Les frameworks Java, de plus en plus en vogue peuvent-ils être une des solutions à notre problématique ? Définissons tout d'abord ce qu'est un framework. C'est un ensemble de bibliothèques, d'outils et de conventions permettant le développement d'applications. Il fournit suffisamment de briques logicielles et impose suffisamment de rigueur pour pouvoir produire une application aboutie et dont la maintenance est aisée. Ces composants sont ainsi organisés pour être utilisés en interaction les uns avec les autres. Les principaux avantages de ces frameworks sont la réutilisation de leur code et la standardisation du cycle de vie du logiciel (Spécification, développement, maintenance, évolution) qui permettent de formaliser une architecture adaptée à des besoins. Ils tirent parti de l'expérience des développements antérieurs.

2.3.3 Quelques frameworks Java

Mon étude s'est portée sur les frameworks principaux en Java qui pourrait s'intégrer dans la démarche du projet. J'ai donc porté un intérêt particulier à : Wicket, Tapestry, Orbeon, Struts, Spring et Hibernate. Cette étude a fait l'objet d'une documentation présentant ces frameworks, développant leurs fonctionnements globales, leurs avantages et inconvénients face à notre projet. Dans ce mémoire, la présentation des frameworks étudiés sera assez large et portera sur leurs aspects positifs et négatifs.

2.3.3.1 Apache Wicket

Wicket est un framework Java Open Source dédié au développement d'application web. Il a pour principe une base de composants, à l'inverse des frameworks MVC traditionnels à base d'actions (Struts / Spring MVC) et il permet une séparation vue/logique très évoluée (technologie de présentation en HTML sans aucune logique, juste une référence via un 'id').

Wicket adopte une philosophie de composants réutilisables. Un composant Wicket est un couple classe Java et page XHTML. Il supporte bon nombre de fonctionnalités dédiées aux applications web: héritage avec inclusion de page (Markup Heritance), suivi d'actions (FeedbackPanel), gestion des sessions (utilisateur, navigation, liens …), support de l'ajax, internationalisation avec des fichiers properties... Avec la séparation présentation/traitement, du principe objet/composant, Wicket se voit comme un framework pas trop complexe à prendre en main. On peut obtenir quelque chose de fonctionnel assez rapidement. Il faut néanmoins outrepassé les méthodes traditionnelles de développement web afin de déjouer et comprendre les subtilités du framework. (Exemple des urls, des pages « marquables » …)

Il en ressort que Wicket est un framework récent avec une prise en main assez rapide xhtml/classes Java. Il possède une véritable séparation entre la partie cliente et la partie serveur laissant place à un retour à la programmation graphique des composants. Les défauts qu'il laisse entrevoir sont notamment sa documentation très succincte (exemples et quelques tutoriels à défauts). Il n'est pas forcément très adapté au XML/XSLT, il pose des problèmes de pages dites « stateless » et « stateful » où ses dernières, liées à la session de l'utilisateur, laissent entrevoir des effets non désirés sur un workflow.

2.3.3.2 Apache Tapestry

Framework Open Source pour le développement d'applications Web en Java, il propose de raisonner en terme de pages et de composants en occultant autant que possible les détails des couches inférieures : API Servlet, protocole HTTP (session, requête, cookie...) On construit des objets et les décrits en terme de méthodes et de propriétés sans se préoccuper de l'environnement HTTP sous-jacent. Les classes Java sont liées à une page HTML avec le rôle d'affichage. Il se veut être un framework de développement web simple, élégant et efficace. Il se définit aussi comme peu intrusif car les composants Tapestry 5 sont de simples POJOs (Plain Old Java Objects) sans contrainte ni héritage à assumer. Il se base sur des gestionnaires d'évènements et supporte l'Ajax grâce à l'inclusion de moteur comme Prototype et Scriptaculous. Un composant type de Tapestry est constitué d'une spécification avec un descripteur XML, d'un composant logique en Java et d'une couche graphique via un template HTML.

Tapestry est un concurrent de Wicket par sa notion de composants réutilisables mais les développements sont quelques peu plus lourds. Wicket est plus avantagé par certaines de ces fonctionnalités de bases. Il en ressort également que c'est un framework peu utilisé avec peu de documentation dû certainement aussi à son manque de maturité.

2.3.3.3 Orbeon

Orbeon Forms est une solution Open Source pour concevoir et déployer des formulaires web avancées via l'utilisation de Xforms et Ajax. Il possède un langage de description assez puissant fonctionnant tel un pipeline: Le XML Pipeline Definition Language (XPL). Les documents XML passent par de multiples processus tels que des agrégations, des conditions, des boucles, des validation de schémas et des sous pipelines. Contrairement à d'autres plates-formes d'application web basées sur les objets Java ou les langages de script, Orbeon Forms n'est basée que sur des documents XML et XForms. Cela peut conduire à une architecture adaptée pour les tâches de saisie, de traitement et de présentation de données XML et en particulier pour des données de formulaire et ne nécessite pas de développement Java, JavaScript ou autre script ...

Orbeon est un projet ayant déjà plusieurs années à son actif et qui évolue au fil du temps. Il se voit donc comme un outil présentant des concepts intéressants et proposant de réunir de multiples technologies liées à XML mais il ne semble rester probant que dans la cas d'une utilisation intensive de formulaires, la documentation étant aussi assez légère.

2.3.3.4 Apache Struts

Struts est un framework Open Source écrit en Java qui permet de construire des applications Web. Il est construit autour de technologies qui ont fait leurs preuves comme les servlets Java, les JavaBeans, le formalisme XML... Il utilise et étend l'API Servlet Java afin d'encourager l'adoption d'une architecture MVC. Cette infrastructure permet la conception et l'implémentation d'applications Web de taille importante et d'être gérée par différents groupes de personnes. Struts permet la structuration d'une application Java sous forme d'un ensemble d'actions représentant des événements déclenchés par les utilisateurs de l'application. Ces actions sont décrites dans un fichier de configuration de type XML décrivant les cheminements possibles entre les différentes actions.

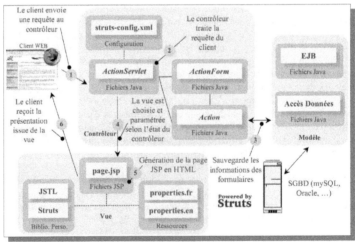

Schéma d'un processus dans une architecture de Struts

Utiliser Struts peut simplifier le travail au niveau des vues et des contrôleurs du modèle MVC. Il reste une valeur sûr en tant que framework, sa version 2 ayant réactualisée ses principes. Cependant il serait inadapté d'utiliser ce framework dans des projets de petite taille car il introduit une certaine complexité. Struts montre toute sa puissance dans des applications d'une certaine envergure. Bien qu'elle soit une application mature et correctement documentée, il est à réfléchir sur son emploi face à de nouvelles infrastructures plus récentes (Tapestry, Wicket, Spring … basées cependant sur des principes différents).

2.3.3.5 Spring

Spring est un framework Open Source J2EE pour les applications 3-tiers, dont il facilite le développement et les tests. Il prend donc en charge la création d'objets et la mise en relation d'objets par l'intermédiaire d'un fichier de configuration (XML) qui décrit les objets à fabriquer et les relations de dépendances entre ces objets. Spring s'appuie principalement sur l'intégration de trois concepts clés : l'inversion de contrôle ou injection de dépendance (IoC), la programmation orientée aspect, une couche d'abstraction. La couche d'abstraction permet d'intégrer d'autres frameworks et bibliothèques. Ce framework, grâce à sa couche d'abstraction, ne concurrence pas d'autres frameworks dans une couche spécifique d'un modèle architectural MVC mais s'avère un framework multi-couches pouvant s'insérer au niveau de toutes les couches : modèle, vue et contrôleur. Ainsi il permet d'intégrer Hibernate pour la couche de persistance ou encore Struts pour la couche présentation.

Spring ne se présente pas réellement comme un concurrent face aux autres frameworks existants, il se place comme un cadre permettant de faciliter l'utilisation justement des autres framework existants. Il s'oriente sur des architectures 3 tiers (présentation, traitements, accès aux données) mais aussi MVC (Spring MVC). Il est encore assez utilisé mais nécessite de nombreuses notions à savoir utiliser et une bonne compréhension de son fonctionnement pour l'employer. De plus, il ne semble vraiment utile que dans des développements importants surtout en vue d'une démarche d'insertion de frameworks complémentaires.

2.3.3.6 Hibernate

Hibernate est un framework Open Source gérant la persistance des objets en base de données relationnelles (mapping objet/relationnel). Ce framework est de plus en plus souvent utilisé car adaptable en termes d'architecture (environnement web léger de type Apache Tomcat ou environnement lourd J2EE complet WebSphere, Jboss). Hibernate apporte une solution aux problèmes d'adaptation entre la représentation objet et les SGBD en remplaçant les accès à la base de données par des appels à des méthodes objet de haut niveau (manipulation des données d'une base de données relationnelle sous forme d'objet). Pour faire cela, Hibernate utilise des fichiers pour relier la base aux objets.

Hibernate s'attaque donc à une couche plus basse d'une architecture applicative, la couche d'accès aux données. Celle-ci permet d'interfacer le code métier avec une source de données. L'intérêt est de pouvoir changer de base de données en n'ayant besoin de ne modifier que la couche d'accès.

Bien que Hibernate puisse présenter des avantages en apportant une couche d'abstraction pour gérer plus facilement l'interaction avec les données, il n'est pas adapté à notre projet d'application de consultation et de recherche. Les bases actuelles et bien ancrées sont en XML. De plus, notre application sera bien plus orienté vers de l'interrogation que de la modification, et passera notamment par Solr.

2.3.3.7 Quelle solution s'adapterait le mieux ?

Les frameworks fournissent des outils et des moyens de concevoir une application. Ils se doivent d'apporter une organisation dans la manière de structurer proprement une application et fournissent des intérêts majeurs comme un gain de temps important, de la sécurité, un développement, une maintenabilité et une évolutivité plus aisée, ainsi que de la pérennité. Cependant, il faut faire attention à ces atouts. L'utilisation d'un framework peut aussi jouer en défaveur. Selon les projets, est-il vraiment bien adapté ou nécessaire ? Utiliser un framework pour n'utiliser qu'une faible partie des ces fonctions n'est pas à l'avantage de son développement. Cela requiert un ensemble de librairies et bibliothèques lourdes, qui charge l'application alors qu'elles ne sont pas employées. De plus, la difficulté à l'appréhender et l'utiliser est à prendre en compte. Les courbes d'apprentissage d'un framework peuvent être assez longues. Selon sa popularité, il n'est pas simple de trouver de la documentation bien fournie, ou encore de la main d'œuvre qualifiée pour les développements, la maintenance ou les évolutions. Ces perspectives d'évolutions sont à réfléchir dès le début car bien que les développements soient un maximum normalisé, on a vite des dépendances qui se forment, et des obligations dans la manière de concevoir.

A la vue des frameworks, de leurs avantages, inconvénients, il ne faut pas forcement négliger aussi d'autres solutions. Développer son propre cadre de travail peut-il apporter son lot d'intérêts laissant ainsi apparaitre une solution peut être plus adaptée au projet et aux contraintes qu'il comporte ?

2.3.4 Les JSP et les servlets

Les JSP (Java Server Pages) ne sont pas un framework mais une technologie Java définie comme un standard permettant de développer des applications Web interactives avec du contenu dynamique. Il s'agit en réalité d'un langage à balises puissant car compilé dynamiquement et exécuté du côté du serveur (sur un moteur de Servlets). Les JSP sont intégrables au sein d'une page Web en HTML à l'aide de balises spéciales. Ces balises permettent de délimiter le code JAVA à compiler. Pour ce qui est d'une servlet, on la définira comme l'application Java créant dynamiquement les données au sein du serveur HTTP.

Ainsi, les JSP s'inscrivent bien dans une architecture 3-tiers: un serveur supportant les Java Server Pages peut servir d'intermédiaire (serveur applicatif) entre le navigateur du client (application) et une base de données (serveur de données) en permettant un accès transparent à celle-ci. Elle permet une séparation de la logique de présentation et de traitement rendu possible avec avec les servlets et l'utilisation de classes ou de « Beans ». Tout cela laisse une liberté de développement purement Java.

Avec l'utilisation de Java et des Beans, les JSP permettent d'être souple dans leur utilisation, bien qu'un peu plus complexe à prendre en main qu'un langage comme PHP, il n'empêche pas d'être bien adapté pour des systèmes d'informations. L'utilisation de transformateurs XSLT sur les XML résultats de recherche et d'interrogation des bases est possible. Les principes de bases des applications web sont supportés (sessions, système de cache...) On peut obtenir quelque chose de fonctionnel assez rapidement.

2.3.5 Confrontations

	Wicket	Tapestry	Orbeon	Struts	Spring	Hibernate	JSP/Servlet
Version (stable)	1.3.6	4.1 / 5.1	3.6.0	1.3 / 2.1.6	2.5.6	3.3.2	
Licence	Apache	Apache	LGPL	Apache	Apache	LGPL	
Type	Framework composants	Framework composants	Framework	Framework actions	Framework actions	Framework persistance	Technologies web
Popularité	✔	✔	✔	✔ ✔	✔ ✔	✔ ✔	✔ ✔
Maturité	✔	✔	✔	✔ ✔	✔ ✔	✔ ✔	✔ ✔
Complexité	✔	✔	✔	✔ ✔	✔ ✔	✔ ✔	✔
Communauté	✔ ✔	✔		✔	✔	✔	
Documentation	✔	✔	✔	✔ ✔	✔ ✔	✔ ✔	✔ ✔
Actualisation	✔ ✔ (12/08)	✔ ✔ (12/08)	✔ ✔ (05/09)	✔ ✔ (01/09)	✔ (10/08)	✔ ✔ (06/09)	

Caractéristiques des solutions étudiées

Récemment, de nouvelles technologies, outils et frameworks de projets Open Source voient le jour. Il est à remarquer un intérêt grandissant pour les frameworks à composants (Wicket, Tapestry 5 très récent). Ils sont encore jeunes et encore assez peu utilisé, les documentations sont succinctes. Bien que les communautés soient plus ou moins actives via les mailing-lists ou quelques tutoriels, ces frameworks tendent à être prometteur dans le développements d'applications web. Ils sont parfois délaissés face à des frameworks ayant fait leurs preuves comme Struts mais possèdent des concepts innovants et sont à surveiller. Au contraire, ces frameworks MVC traditionnels à base d'actions semblent apporter une certaine complexité de départ où les courbes d'apprentissage peuvent se révéler longues avant de tourner à l'avantage de leurs utilisations.

Pour ce qui est du projet, l'analyse des plateformes existantes et des technologies Java actuelles montre qu'il faut conserver des notions établies comme la séparation de la logique, la forme, et des données. Cependant, le développement doit voir sa complexité en fonction de la taille du projet. Est–il nécessaire d'engendrer un coût de développement important pour un projet de moyenne envergure (application de consultation/recherche par rapport à un projet plus imposant). Il faut en effet trouver un compromis entre des notions de coût de développement (rapidité, complexité ...) et de la qualité du développement permettant une réutilisation, une maintenance aisée, et durable dans le temps, tout en assurant donc une certaine facilité de redéploiement d'application basé sur un prototype conçu.

2.4 Études comparatives de solutions de formulaires web

2.4.1 Les formulaires web actuellement utilisés au sein des applications

Les Cforms sont les formulaires développés dans Cocoon. Leur principe fonctionne avec la définition de 2 fichiers: le modèle de formulaire et le template du formulaire.
Le modèle est un fichier XML qui contient la structure des données à recevoir ainsi que les widgets que le formulaire utilisent. Le fichier template s'attardera sur la présentation du formulaire.

La conception d'un Cforms passe donc par 4 étapes:

1. Création d'un fichier xml de définition du formulaire (Form Definition)
2. Création d'un fichier de template (Form Template)
3. Écriture d'un flowscript
4. Ajout des pipelines nécessaires dans le sitemap

Dans une application tel que Notix par exemple, on utilise des fichiers « RDFS » pour concevoir les formulaires. En effet, ce sont des fichiers XML qui contiennent la déclaration des champs et des types avec leurs contraintes relatives aux documents XML. C'est une feuille XSLT qui est chargée de générer le XML de définition (Form Definition).

Dans une idée de faciliter la conception des formulaires (réalisation, vérification des données …), on cherche à conserver un concept similaire.

2.4.2 Les formulaires XForms

Toujours dans l'esprit de s'adapter au système d'information du Pandoc, l'orientation vers des formulaires XForms semble la plus aboutie. Xforms est un langage XML et spécification du W3C dont l'optique est de remplacer à terme les formulaires traditionnels en HTML. Son objectif est de combler les nombreuses limitations de ceux-ci et de faciliter leur écriture en évitant la dépendance vis à vis d'un langage de script. XForms permet donc de définir des formulaires en séparant bien les données de leur présentation. Il intègre des mécanismes de contrôles et en permet de soumettre les données sans rafraichissement de page. Un formulaire XForms apporte le même degré de service qu'AJAX mais sans code Javascript. De plus, les XForms s'intègre particulièrement bien avec les bases de données XML selon l'architecture émergente XRX (XForms-REST-XQuery).

Les formulaires Xforms présentent des avantages incontestables par rapport à un formulaire classique :

- ✓ Séparation de la forme, du contenu et de la logique.
- ✓ Réutilisabilité : le formulaire est indépendant de la page qui le contient.
- ✓ Compatibilité avec les standards XML comme les feuilles de style en cascade (CSS), XML Schema et Xpath.
- ✓ Abandon d'un style procédural pour un style déclaratif plus évolué.
- ✓ Typage fort : on détermine les données acceptables par le formulaire (ex: schéma XSD) et avec la possibilité d'utiliser des contrôles d'interface utilisateur évolués comme le contrôle d'échelle de valeurs.
- ✓ Internationalisation : l'interface peut exister en plusieurs langues.
- ✓ Utilisation propre et fiable de l'architecture modèle vue contrôleur...

Un formulaire XForms se divise en 3 sections :

- ✔ Interface utilisateur : présentation du formulaire. Spécification selon le type de support.
- ✔ Données (XForms Data Model) : les données qui doivent être lues par le formulaire, et qui seront envoyées sous forme de flux XML au serveur.
- ✔ Traitement : les traitements à effectuer.

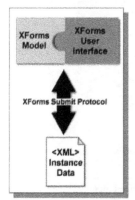 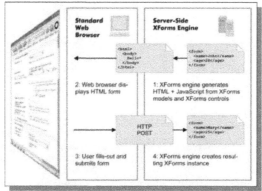

Récupération d'une instance XML du formulaire soumis

La particularité de XForms repose sur le fait que tout cela est possible sans utilisation de Javascript. Cependant, il possède une contrainte non négligeable, il n'est pas encore supporté nativement dans les navigateurs, d'où la création de projets visant sa compatibilité sans aucun ajout d'extensions.

Pour se faire, des solutions côté serveurs sont implémentés afin de générer du Javascript avec une approche Ajax coté client . Avec les avantages que XForms procure et sachant qu'il est une spécification du W3C, il serait absurde de ne pas s'en servir surtout s'il peut répondre aux besoins. Bien que les navigateurs actuels ne supporte pas XForms, la majorité d'entre eux le supporteront dans l'avenir, mais pour l'instant, la seule manière fiable et évolutive de l'implémenter consiste à exploiter un mécanisme côté serveur.

2.4.3 Les solutions existantes

Après une recherche sur les projets exploitant la technologies Xforms, je me suis concentré sur l'étude de 4 solutions: Orbeon, Chiba XForms, AjaxForms et XSLT Forms.

2.4.3.1 Orbeon

Comme vu précédemment, Orbeon Forms est une solution Open Source pour concevoir et déployer des formulaires web avancées via l'utilisation de Xforms et Ajax. Il fonctionne via un système de pipeline écrit avec un langage de description (XPL). Orbeon Forms n'est basée que sur des documents XML et XForms. Il peut conduire à une architecture adaptée pour les tâches de saisie, de traitement et de présentation de données XML.

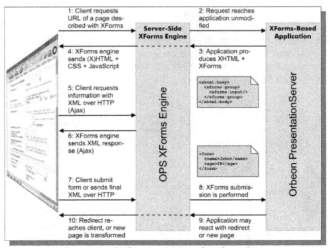

Processus du fonctionnement d'un formulaire

Il est à garder à l'esprit qu'Orbeon puisse être assez adapté au développement d'application web utilisant des formulaires avancées. Cependant, il oblige d'utiliser toute son architecture (langage, pipeline...) établie par le framework. Il peut limiter aussi des développements plus poussés en Java par exemple.

2.4.3.2 Chiba Xforms

Chiba est un ensemble d'outils Open Source qui se décompose en 3 composants clés: XForms, AJAX et « Dojo Toolkit ». Chiba se définit donc comme une implémentation Open Source en Java des Xforms. Il utilise la notion d'Ajax avec DWR (Direct Web Remoting). Il permet de connecter des conteneurs (répétitions, switch, groupes...) et des widgets (exemple: date avec calendrier ...) en Javascript dans le moteur Xforms. Le framework « Dojo Toolkit » est intégré comme bibliothèque Javascript.

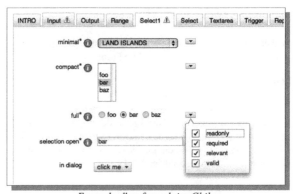

Exemple d'un formulaire Chiba

Cependant, le choix de son architecture présente quelques contraintes. Il stocke en session l'instance du DOM. Les performances du serveur pour des gros documents et plusieurs utilisateurs peuvent donc s'en réduire. De plus, chaque modification d'une valeur d'un champs du formulaire envoie une requête AJAX pour mettre à jour le DOM stocké en session alors qu'on pourrait vouloir limité les requêtes. La gestion d'erreurs ne semble pas commode et il présente par exemple certaines difficultés pour revenir sur le formulaire avec un message d'erreur. De plus, son utilisation nous contraint à user du framework « Dojo Toolkit » en supplément.

2.4.3.3 AjaxForms

Le projet AjaxForm se voit comme un outil qui transforme les documents XHTML/XForms en HTML avec Javascript. Cette transformation est faite au moment de la compilation. Le serveur et le client obtiennent une totale indépendance, et leur rapport est limité à l'échange de données de logique métier. Cette communication est faite à travers les documents XML en utilisant AJAX.

L'outil est constitué par 2 composants: un compilateur qui est chargé de transformer le document XHTML / XForms, que le navigateur ne comprend pas, en document HTML avec JavaScript et une bibliothèque Javascript pour les documents compilés.

Ajax Forms permet l'utilisation des Xforms offrant les avantages d'une indépendance du navigateur ainsi que de la technologie serveur. L'utilisation d'AJAX permettant une meilleure interaction client-serveur est de mise, offrant ainsi la validation et le traitement des données sur le client et une meilleure interaction pour l'utilisateur.

2.4.3.4 XSLT Forms

XSLT Forms est un projet Open Source sous licence LGPL, il est une évolution de AjaxForms. En effet, à la place d'un traitement coté serveur avec un langage tel que Java, la conversion XHTML/XForms s'effectue via une seule transformation XSLT aussi bien coté serveur que coté client sur le navigateur (les moteurs XSLT sont intégrés sur quasiment tous les navigateurs récents). Néanmoins bien sur, le traitement de la saisie après la soumission doit toujours être effectué par un serveur. De plus, l'application de la transformation sera de préférence exécutée coté serveur pour un meilleur contrôle.

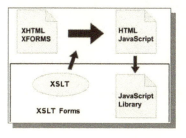

XSLT Forms présente donc les mêmes avantages que AjaxForms mais apporte un intérêt supplémentaire en simplifiant l'étape de conversion XForms vers HTML via cette transformation XSL.

2.4.4 Bilan des solutions de formulaires

La mise en place de formulaires évolue. En effet, les développements traditionnels tendent à laisser place à du développement objets, par composants et frameworks. Sur des développements de formulaires simples avec des méthodes classiques, le suivi et l'enchainement des actions sont bien maîtrisés mais cela reste lourd à développer ou à maintenir. Des outils ont vu le jour et possède un bon développement, notamment XForms qui existe depuis 2000 et qui se trouve être un standard W3C. Il représente un outil d'avenir, qui n'est certes pas encore implémenté dans les navigateurs, mais on contourne le problème en passant par un développement coté serveur et du développement JavaScript/Ajax coté client. Il ne faut pas réinventer la roue et les fonctionnalités que permettent XForms sont très intéressantes même si la conception de ces derniers nécessite un léger apprentissage (programmation déclarative).

Comme vu précédemment, plusieurs solutions plus ou moins similaires existent et ne sont pas à laisser de coté, notamment des frameworks à composants (composants réutilisables, vérification de données avancées …). Cependant, il est à réfléchir vis-à-vis de l'architecture du projet, du niveau d'importance et du développement de ce dernier, l'intérêt de leurs emplois.

XSLT Forms semble être la solution adaptée par la simplicité de sa mise en place permettant d'exploiter toute l'efficacité des formulaires Xforms. On notera l'avantage de cette solution qui est indépendante, et donc intégrable facilement dans d'autres projets.

2.5 Préconisation

2.5.1 Bilan de l'étude de frameworks/technologies

La conception d'un nouveau prototype laisse entendre l'utilisation de technologies adaptées, stables et pérennes. Développer son propre cadre de travail peut être bénéfique car bien adapté aux besoins. Il faut cependant faire attention aux obstacles que cela produit. Sans équipes de développement, on acquiert une base réutilisable pour créer des applications. Mais dans le cadre d'un travail collaboratif avec des développements parallèles, les conflits peuvent vite menacer la réalisation. Avec le temps, de plus en plus de fonctionnalités auront la nécessité d'être implémentées. Dans cette démarche, le produit développé sera relativement complet en fonction des besoins de bases, mais facilement exploitable que par ses concepteurs surtout si les documentations sont légères vis-à-vis des procédés et implémentations effectuées. Quelle solution adoptée?

Bien qu'on puisse attendre une certaine évolution des applications conçues à partir du prototype par des personnalisations et un ajout de fonctionnalités, l'ensemble est assez figé.
L'envergure du projet et les moyens (moyen humain, technique, temporel...) pour le développer laisse entrevoir de se décharger de l'adoption d'un framework. Ces derniers peuvent être complexe à apprendre, à mettre en place et à maintenir aussi. Les avantages des frameworks en sont largement tirés avec des équipes de développements de plusieurs membres mais pas idéalement avec un seul ni avec un projet qui n'est pas d'une ampleur suffisante qui justifierait les moyens.

De plus, souhaitant vraiment se désengager de Cocoon, notre raison ajoute une certaine retenue dans la décision d'adopter ou non un nouveau framework, le but étant d'éviter de se contraindre à lui et d'avoir une certaine liberté d'actions.

2.5.2 Solution envisageable : Technologies et Architecture

2.5.2.1 Le choix de JSP / Servlets

Face aux contraintes du projet et l'analyse de technologies, il en ressort que l'utilisation des JSP/servets semblent être un bon compromis. Les JSP / Servlets sont une technologie pérenne ayant fait ses preuves. Toujours maintenues et mises a jour, on y trouve de la documentation. Il s'avère que leur développement est de complexité moyenne mais idéale dans le cas d'une architecture 3-Tier pour la séparation logique, forme, données afin de clarifier les développements. Les développements en objets Java permettant une certaine réutilisation et les développements JSP apportant les caractéristiques d'un langage orienté web dynamique pour gérer les vues. Un support du XML / XSLT peut être assuré par des librairies et l'utilisation de classes Java afin de réutiliser de l'existant. On pourra également facilement intégrer les fonctionnalités attendu du moteur d'indexation et de recherche de Solr via une communication en HTTP voir directement en Java avec l'API SolrJ.

2.5.2.2 Le modèle d'architecture

L'architecture 3-tier est un modèle logique d'architecture applicative qui vise à séparer très nettement trois couches logicielles au sein d'une même application ou système, à modéliser et présenter cette application comme un empilement de trois couches, étages, niveaux ou strates dont le rôle est clairement défini :
- ✔ la présentation des données : correspondant à l'affichage, la restitution sur le poste de travail, le dialogue avec l'utilisateur ;
- ✔ le traitement métier des données : correspondant à la mise en œuvre de l'ensemble des règles de gestion et de la logique applicative ;
- ✔ l' accès aux données persistantes : correspondant aux données qui sont destinées à être conservées sur la durée, voire de manière définitive.

Un avantage apporté par ce modèle est la clarté de l'architecture qu'il impose. Cela simplifie la tâche du développeur qui tenterait d'effectuer une maintenance ou une amélioration sur le projet. On y retrouve une organisation MVC avec le modèle, la vue et le contrôleur à la différence qu'une architecture 3-tier n'admet pas que la vue puisse consulter directement le modèle (lecture) sans passer par le contrôleur.

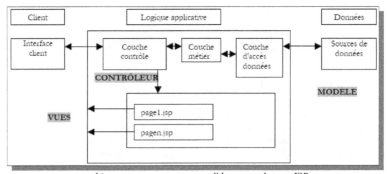

architecture type avec un modèle en servlets et JSP

Dans les préconisations à formuler, le développement de notre application pourrait se présenter sous la forme :

- ✔ **Modèle:** objets Java / composants JavaBeans représentent l'espace de travail en mémoire, c'est le point d'entrée vers les services métier ou les données du système. On y appliquera les traitements nécessaires et gérera les interactions avec Solr.
- ✔ **Vue:** toute présentation dynamique passe par l'utilisation des JSP. Les JSP sont complètement passives, et se bornent à présenter l'espace de travail stocké en mémoire par les JavaBeans, lorsque la servlet leur en donne l'ordre. Elle offre aussi la possibilité de diffuser vers différents formats : html, xml …

✔ **Contrôleur:** une servlet est responsable de traiter toutes les requêtes de l'utilisateur. (il sera la base de traitements à effectuer dans la partie 'Modèle', on appliquera aussi les transformations XSLT nécessaires pour retourner l'affichage à la 'Vue').

2.5.2.3 Vérification des possibilités d'implémentation

Afin de valider notre choix, il faut vérifier si l'implémentation des fonctionnalités et la coordination des technologies est possible. La proposition des méthodes pour développer ces fonctionnalités et intégrer les outils et langages attendus vient conforter la décision finale.

✔ *La gestion du XML et du XSLT:*
Les notices et les réponses de Solr portent sur le format XML. Il sera supporté par des librairies (ex: processeur Xalan d'Apache) permettant d'exploiter et d'utiliser des transformateurs XSLT au sein du contrôleur afin de renvoyer ces données vers une page JSP chargée d'un rendu dans un format donné (HTML, XML ...). Les feuilles XSLT contiendront donc toute la logique de présentation. Pour des notions de « templating », nous utiliserons la notion d'importation avec des pages JSP contenant la structure générale de l'application.

✔ *Internationalisation:*
Afin de produire une application multilingue, tous les contenus de textes fixes du site seront produits à partir des feuilles XSLT où des références seront établies afin de gérer un système de catalogues. Pour le choix de la langue, cela pourra être géré via un paramètre conservé en session. Ce dernier sera soumis à la feuille de transformation. Ce même procédé pourra aussi être employé au sein des pages JSP.

✔ *Gestion de panier, d'historique, d'authentification:*
Ces notions seront établies par des variables de sessions. En effet, elles n'ont besoin d'être mémorisées que durant le temps de la consultation de l'application (utilisation de classes Java).

✔ *Format de sortie:*
Les pages JSP se voient avoir la possibilité d'écrire des balises qui vont charger dynamiquement les données nécessaires. Nous aurons donc juste une balise avec une prise en charge d'un type-mime qui viendra ajouter le contenu selon les besoins (DOM HTML, XML, RSS ...). Une implémentation en servlet est envisageable aussi via l'emploi de feuilles de transformations XSL pour convertir vers les formats désirées.

✔ *Moteur d'indexation /recherche Solr :*
Solr sera indépendant de l'application, c'est l'API SolrJ qui permettra son utilisation (interrogation, indexation ...) au sein des classes Java dans une logique métier. On peut aussi se servir du protocole HTTP pour les requêtes afin d'avoir un Solr complétement détaché de l'application à produire.

2.5.3 Solution adoptée pour les formulaires

Bien qu'il soit encore en cours de développement par la société Agence XML, un choix tel que XSLT Forms peut être un bon compromis. Il est adaptable facilement via une gestion du traitement selon notre architecture, son utilisation ne reposant principalement que sur une simple transformation XSLT permettant une compatibilité sur le navigateur du client. La technologie XSLT sera fortement exploiter au sein du projet, ainsi sa mise en place n'en sera que facilité. La conception du formulaire XForms à partir d'un schéma « RDFS » est envisageable également offrant une automatisation. On maitrise ainsi l'enchainement des actions et nous ne sommes pas limité par les dépendances que peuvent imposer d'autres solutions: architecture particulière, langage spécifique, librairies …

Il faut noter que la société californienne Mark Logic, éditeur leader en bases de données XML, a décidé de participer et se joindre à ce projet. XSLT Forms devrait ainsi prendre prochainement une certaine envergure, des publications de rapport de tests par le W3C étant déjà d'actualité.

Formulaire de modification du prototype conçu avec XSLTForms

3 Réalisation du projet

3.1 Détail interface documentaire

3.1.1 Dépendances du système d'information

Les notices XML sont conçues conformément à la structure d'un fichier RDFS correspondant. Issues de Notix, elles représentent le fond documentaire à diffuser. L'application développée fonctionne avec le moteur Solr qui a pour principe de concevoir un index. Pour mieux comprendre le fonctionnement, nous définirons l'index comme un élément de redondance que l'on va spécifier pour permettre au système de gestion de base de données (SGBD) d'optimiser certaines requêtes. Tout comme l'index d'un livre va permettre de trouver directement la page traitant d'un sujet donné, l'index placé sur une table va permettre au SGBD d'accéder très rapidement aux enregistrements, selon la valeur d'un ou plusieurs champs.

Solr maintient dans son index une collection de documents. Un document est un ensemble de champs (fields) auxquels sont associées des valeurs. Pour notre application, l'ensemble des valeurs des notices originales sont conservées car en plus d'être utilisé comme simple index, ce dernier nous sert de base afin de restituer ces notices intégralement.

Données externes   *Application + données de l'index*

3.1.2 Le schéma de Solr

Le schéma Solr fait partie de la configuration de base de l'application Solr. C'est un fichier XML permettant de décrire le format des documents manipulés par l'index. Ainsi, dans ce fichier, on y définit les champs à gérer, les types à manipuler...

3.1.2.1 Définition d'un type

Avant de définir les champs que notre index va contenir, on peut définir des types spécifiques à nos besoins à partir de types de bases. Un schéma Solr regroupe ainsi les types des champs des documents indexés, ainsi que leurs comportements :

- ✔ Des types primitifs prédéfinis sont disponibles : int, float, string, date, boolean, etc. Des types spécifiques à Solr sont également à disposition, comme par exemple le type text.
- ✔ Le comportement des types est paramétrable selon 2 modes : à l'indexation et lors de la recherche. Il s'agit de définir un « Tokenizer » décrivant la façon dont sont découpés les mots (selon la ponctuation, les espaces, etc.). Il est par ailleurs possible d'appliquer des filtres. Il en existe plusieurs comme par exemple le filtre de sensibilité à la casse ou encore le filtre de « stemming » dont le but est de réduire tous les mots à leur racine...

Dans l'exemple suivant, nous déclarons un « Tokenizer » avec un filtre qui va « matcher » des synonymes dont la liste est défini dans le fichier « synonyms.txt » et un filtre qui va supprimer les mots « stop » (le, la, les, un...). Un troisième filtre va changer la casse en minuscules.

```
<fieldType name="text" class="solr.TextField" positionIncrementGap="100">
    <analyzer>
      <tokenizer class="solr.StandardTokenizerFactory"/>
      <filter class="solr.SynonymFilterFactory" synonyms="synonyms.txt"
ignoreCase="true" expand="false"/>
      <filter class="solr.StopFilterFactory" ignoreCase="true"
words="stopwords.txt"/>
      <filter class="solr.LowerCaseFilterFactory"/>
    </analyzer>
  </fieldType>
```

Exemple du type « text »

Les filtres sont une notion importante qui permettent de pousser la personnalisation des recherches et les rendre plus performantes. En effet, on peut ainsi outrepasser les problèmes de casses, des mots communs qui sont redondants, ou encore trier pour gérer un affichage alphabétique de résultats.

3.1.2.2 Définitions des champs

Lorsque que l'on a défini l'ensemble des types que l'on souhaite utiliser, il faut renseigner les champs d'indexation. Ils se définissent comme suivant cet exemple:

```
<field name="CLE" type="Key" indexed="true" stored="true" required="true"
multiValued="false"/>
```

- ✔ **name:** nom du champ
- ✔ **type:** type à appliquer sur le champ, soit avec un type primitif ou un type redéfini dans le schéma.
- ✔ **indexed:** permet de l'utiliser pour des recherches dans l'index. (true | false)
- ✔ **stored:** permet de le stocker pour être retourné à un affichage. (true | false)
- ✔ **required:** permet de le rendre obligatoire ou facultatif. (true | false)
- ✔ **multivalued:** permet la duplication du champ avec plusieurs valeurs. (true | false)

Dans une optique de réduire la facilité de déploiement du prototype d'application, une feuille de transformation permet de générer ce schéma Solr grâce à un schéma RDFS fourni par Notix.

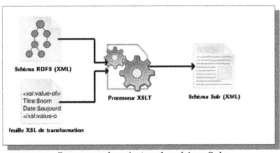

Processus de création du schéma Solr

Afin de pouvoir optimiser la recherche à notre guise, nous pouvons paramétrer ces champs via les attributs et l'ajout de champs personnalisés avec des filtres particuliers. De plus, tout les champs issus du document original possèdent leur paramètre « stored » à « true » afin de pouvoir les restituer intégralement.

3.1.3 Indexation

Les interactions avec Solr fonctionnent via une indication dans l'URL d'un « select » ou un « update ». Le « select » étant l'interrogation afin d'obtenir un résultat de cette requête et l' « update » une mise à jour de l'index. C'est cet « update » qui va nous permettre d'ajouter et supprimer des documents et de « commiter » l'index (validation des modifications).

Les requêtes sont toutes rédigées sous forme de documents XML qui sont ensuite fournies à Solr par un 'POST' en ligne de commande avec des outils tels que le « post.jar » de Solr, un « curl » ou via l'interface de notre application.

Pour indexer des documents, il faut donc les formater au format XML avec une structure bien définit. Une balise <add> précise qu'on ajoute des documents. Chaque document est alors décrit entre les balises <doc>.

```
<add>
   <doc>
      <field name="id">0001</field>
      <field name="base">urbamet</field>
      ...
   </doc>
</add>
```

Exemple de document

Pour facilité l'ajout de données au sein de l'application, ces documents sont générés à partir des informations d'un fichier RDFS et de la notice originale via une transformation XSLT.

Ce processus est utilisé dans l'étape d'importation de documents ainsi que dans la modification de notices.

Analyse indexation et requête :

Lors de l'indexation ou d'une requête, les termes renseignés vont suivre la procédure suivant le type du champ auquel il appartient. Il suit généralement un découpage des termes et des applications de filtres sur chaque terme afin d'établir des correspondances entre des termes de l'index et des termes de la requête.

A chaque document ajouté, l'index est modifié en correspondance. Pour fournir un résultat rapide d'une requête, il est également possible de mettre à jour celui-ci de manière optimisée. Solr reconstruit ainsi un index plus facile à consulter.

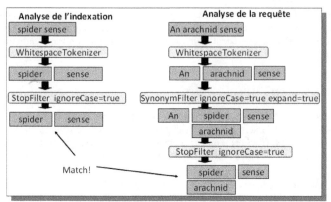

Exemple de l'analyse de termes

3.2 Architecture et Technologies

3.2.1 Architecture du système

L'architecture adoptée est un modèle logique d'architecture applicative 3-tier qui vise à séparer très nettement trois couches logicielles: Présentation, application, ressources.

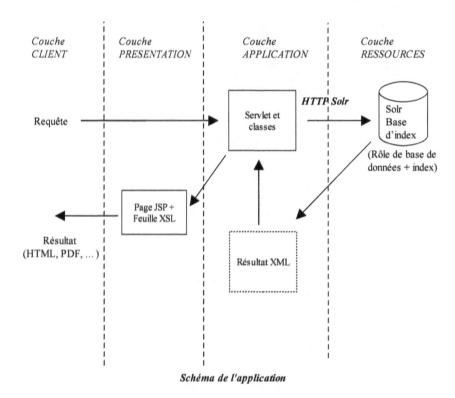

Schéma de l'application

Le cœur de l'application est une servlet « contrôleur ». Responsable de la gestion des événements, elle traite les requêtes de l'utilisateur et relie ainsi la partie modèle et vue avec l'interrogation de Solr et le renvoi vers un affichage adapté. Le Modèle est représenté par les classes créant des objets permettant la gestion de l'historique, du panier, mais on y retrouve aussi Solr qui fourni les données. Pour ce qui est de la présentation dynamique, elle passe par l'utilisation de pages JSP ainsi que des feuilles XSLT. Les JSP permettent de créer dynamiquement le contenu où sont inclus au besoin des transformations XSLT provenant de résultats XML.

3.2.2 Le choix d'une webapp

Le produit final du prototype de l'application est une « Web Application ». Une application web se définie ainsi comme un logiciel applicatif dont l'interface homme-machine imite un site web. L'interface homme-machine est appelée interface web. Une application web se manipule avec un navigateur web en parcourant les liens hypertextes. Cette méthode assure une parfaite diffusion et une bonne portabilité.

Ainsi dans notre cas, l'application web s'oriente autour d'un serveur web sur lequel est branché le prototype applicatif accompagné non pas d'un serveur de base de données dans un cas général mais d'une seconde application web, Solr, jouant le rôle de base de données avec son index. La transmission des informations entre le client et le serveur se fait selon le protocole HTTP, protocole également utilisé pour les sites web. Ce qui permet d'utiliser le même logiciel client - un navigateur web. La gestion mutli-utilisateur est assuré par le conteneur de servlet qui créé un « Thread » différent avec les objets associés (objets requêtes et réponses) pour chaque requête HTTP.

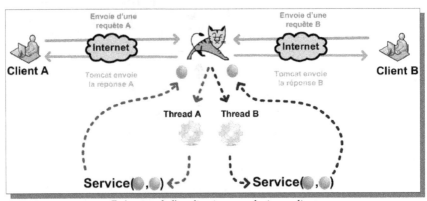

Exécution de l'application par plusieurs clients

3.2.3 Structure de la webapp

Notre prototype d'application est une 'webapp' reposant sur les servlets et les JSP (J2EE). Elle correspond à un répertoire à mettre dans le répertoire 'webapps/' d'un conteneur de servlet (tel que Tomcat, Jetty …).

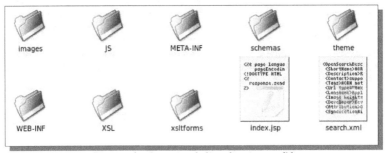

Contenu du répertoire de l'application modèle

- ✔ **'index.jsp'** qui se trouve être une simple redirection.
- ✔ **'search.xml'** qui est un fichier de configuration pour OpenSearch (permet l'ajout d'un champ de recherche général de l'application dans les navigateurs actuels).
- ✔ le dossier **'images'** contenant l'ensemble des images de l'application.
- ✔ le dossier **'JS'** contenant l'ensemble des scripts Javascript utilisés dont JQuery.
- ✔ le dossier **'META-INF'** méta-informations d'une webApp.
- ✔ le dossier **'schemas'** contenant les fichiers RDFS (structures des notices XML). Avec un schéma par défaut, et d'autres en plusieurs langues sous la forme '_Base.*.rdfs'. On trouvera aussi une feuille XSL permettant de créer via le schéma RDFS un schéma de configuration solr. (+bases.xml pour la gestion des thèmes).
- ✔ le dossier **'theme'** contenant les feuilles de styles CSS pour le rendu HTML.
- ✔ le dossier **'WEB-INF'** contenant :
  - ○ un dossier **'classes'**: classes compilées de l'application et traductions des pages JSP.
  - ○ un dossier **'lib'**: ensemble des librairies utilisées.
  - ○ un dossier **'vues'** contenant les fichiers JSP + les templates (head, side, foot).
- ✔ le dossier **'XSL'** contenant les feuilles de transformations XSL (rendu de l'affichage).
- ✔ le dossier **'xsltforms'** contenant une implémentation indépendante permettant de convertir un formulaire Xforms en un formulaire HTML/JS.

L'application web est configuré avec le « web.xml » de « WEB-INF ». C'est un point d'entrée pour l'application. Ce fichier est utilisé pour faire une relation entre une requête HTTP et une servlet. On y déclare du mapping, des redirections pour gérer les URL de la page d'accueil, ainsi que toutes les variables globales de l'application avec notamment un mapping des pages JSP.

Ce choix d'utilisation d'un mapping des fichiers JSP permet de se décharger des chemins physiques au sein de la servlet et permet en cas de modification de ces derniers (emplacement, nom) de ne pas a avoir à recompiler la servlet. Une simple édition dans « web.xml » est suffisant ainsi qu'un redémarrage de l'application dans le conteneur de servlet pour relire les variables.

```
<!-- Periode news du flux RSS -->
<init-param>
     <param-name>timestamp</param-name>
     <param-value>timestamp:[NOW/DAY-3MONTH%20TO%20NOW]</param-value>
</init-param>

<!-- Mapping des pages JSP -->
<init-param>
     <param-name>urlErreurs</param-name>
     <param-value>/WEB-INF/vues/erreurs.jsp</param-value>
</init-param>
```

Extrait de « web.xml »

3.2.4 Servlet et classes Java

L'application fonctionne avec plusieurs technologies. Néanmoins tout est régi au moyen d'une servlet qui capte l'ensemble des requêtes du client et lui fournit des résultats générés par une séquence de traitements. Son rôle est celui de contrôleur qui se décompose en plusieurs parties.

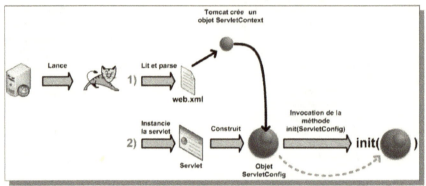

Lancement et initialisation application

La première partie est son initialisation durant laquelle on récupère des paramétrages et des variables du fichier 'web.xml'. Ensuite nous avons des méthodes dites de traitement de requêtes qui ont pour but de récupérer les requêtes HTTP, avec les paramètres et de lancer le traitement correspondant et enfin nous avons un ensemble de méthodes annexes avec des rôles de fonctions pour différentes méthodes afin de réduire des redondances.

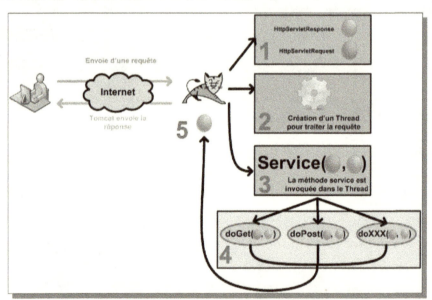

Traitement d'une requête par la servlet « contrôleur »

Schéma de la structure de la servlet:
- → importations
- → déclaration de la classe
- → initialisation de la servlet
- → méthodes de traitements (get / post)
  - → gestion variables de session
  - → contrôle de la locale
  - → contrôle des actions/pages
- → méthodes selon les fonctions (actions)
  - → pages statiques (accueil, recherche...)
  - → pages dynamiques (gestion panier, historique ...)
  - → pages résultantes (interrogation Solr)
- → méthodes de traitement général (création de requêtes, interrogation, post...)
- → méthodes annexes (lecture de fichiers, conversion d'encodage et de type ...)

3.2.5 JSP

Ce sont des pages web dynamiques et leurs rôles s'immiscent dans celui de la vue. Leurs contenus se composent de balises permettant l'écriture de code Java interprétable ainsi que de code HTML. On précise diverses informations tels que le langage, l'encodage, les importations de classes, de taglibs. On remarquera la balise <%@ include file='...' %> qui permet l'inclusion d'un fichier et les balises '<%' et '%>' autorisant l'écriture du code Java qui sera interprété.

```jsp
<%@ page language="java" pageEncoding="UTF-8"%>
<%@ page contentType="text/html; charset=UTF-8" %>
<%@ page import="java.lang.*"%>
<%@ page import="java.util.ArrayList"%>
<%@ page import="java.util.Iterator"%>
<%@ page import="java.util.ListIterator"%>
<%@ page import="fr.gouv.equipement.documentation.acrn.model.*"%>
<%@ taglib uri="http://java.sun.com/jstl/core" prefix="c"%>
<%@ taglib uri="http://java.sun.com/jsp/jstl/fmt" prefix="fmt" %>
<fmt:setLocale value="<%=response.getLocale()%>" />
<% Panier monPanier = (Panier) session.getAttribute("monPanier");%>
<% Historique monHistorique = (Historique)
session.getAttribute("monHistorique");%>
<fmt:bundle basename="lang">
<%@ include file="./template/head.jsp" %>
<%@ include file="./template/side.jsp" %>

<h2><fmt:message key="panier"/></h2>

<br/>

<% if (monPanier.listePanier.isEmpty()){ %>
        <h3><fmt:message key="panierVide"/></h3><br /><a href="?
action=recherche">&#187; <fmt:message key="retourForm"/></a>
<%
}else{
%>...
```

Extrait de code d'une page JSP (panier.jsp)

Ainsi dans toutes les pages du site, on inclut des pages dites de « templates » avec l'entête, le coté, et le pied de page.

Schéma de la conception des pages

3.2.6 XML/XSL

Comme expliquer dans ce mémoire, le choix du XML figure dans le système d'information. Au sein de l'application, il est utilisé à tous les niveaux avec les données (notices bibliographiques), fichiers de configuration application (web.xml) et solr (schéma ...), feuilles de transformations (XSL), catalogues de contenus et plus largement dans les pages HTML.

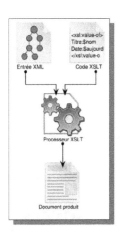

Le langage XSLT se présente comme une solution adéquate pour gérer ces contenus XML, et les afficher à notre guise. Il s'emploie via la rédaction de feuilles XSL appelées feuilles de transformations qui transforment un flux XML. Au sein de l'application, nous retrouvons des feuilles XSL selon deux types de rôles, celles ayant un rôle de vue qui seront donc incorporées dans une page JSP et destinées à l'affichage et nous auront celles ayant un rôle de conversion, destinées à faciliter un traitement ultérieur.

Au niveau de la servlet, après avoir récupérer un résultat XML, celui-ci est traité en fonction de la tâche courante, c'est-à-dire par une XSL adaptée au besoin. Une fonction développée permet d'effectuer ces transformations XSL et laisse la possibilité de fournir des paramètres pour les XSL. Le choix du processeur XSLT Xalan a été adopté, étant libre et écrit en Java.

Le document produit sortant de la transformation est ensuite envoyé via une variable dans une page JSP interprétée par le serveur puis envoyée au poste client.

On remarquera que la conception s'effectue en deux passes: la première étant la conception du corps central en XML/XSL puis la seconde étant l'interprétation JSP par le serveur. Ce système apporte une contrainte pour l'internationalisation des pages. En effet, les pages produites par une transformation XSL ne sont pas interprétées. Aucun code Java n'est donc exploitable, tout traitement souhaité se doit d'être exécuté lors de la transformation grâce aux fonctions, et techniques en XSLT ainsi que par l'utilisation de paramètres extérieurs fournis par la servlet.

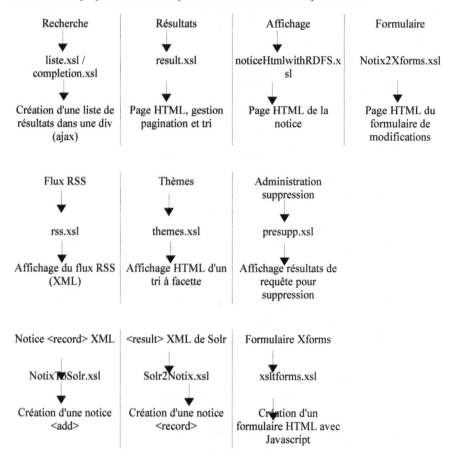

Utilisation de feuilles de transformations XSLT au sein de l'application

3.3 Spécifications

3.3.1 Fonctionnalités principales de bases

L'application présente diverses fonctionnalités basées sur les notions de recherche et de consultation. Elles se découpent sous plusieurs formes:

- recherche simple (plein texte).
- recherche mono-critère (sur un champ précis).
- recherche multi-critère (requêtes complexes sur plusieurs champs).
- recherche par liste de terme (requête sur un champ dont l'on renseigne le début).

La recherche simple est une recherche plein texte sur l'ensemble des documents indexés. Une recherche mono-critère est disponible sur chacun des champs. Une suggestion de termes commençant par le début de notre terme entré, apparaît en dessous, elle facilite la saisie. Le nombre de documents correspondant au terme est indiqué à titre informatif.

Les fonctionnalités de consultation concernent les résultats de recherche :
- visualisation de la liste des résultats (avec tris).
- visualisation de notices sous plusieurs formats de sorties.
- gestion de panier et d'historique.

3.3.2 Processus de recherche

3.3.2.1 La recherche

Les fonctionnalités d'une recherche passe par l'utilisation de formulaire. Afin d'effectuer une recherche précise, on renseigne les champs souhaités, aidé par une suggestion de termes. Chaque entrée du formulaire correspond à un paramètre qui sera envoyé en 'GET' et traité par la servlet.

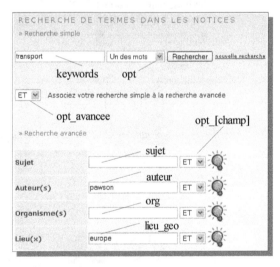

Schéma du formulaire de recherche

Après remplissage du formulaire, l'URL contenant les valeurs est réceptionnée. C'est de cette URL que l'on récupère les paramètres et leurs valeurs pour concevoir la requête Lucène et interroger Solr.

- les **paramètres**.
- les valeurs.

```
http://locahost:8080/acrn/main?
keywords=transport&opt=OR&opt_avancee=AND&sujet=&opt_auteur=AND&auteur=paws
on&opt_org=AND&org=&opt_lieu=AND&lieu_geo=europe&opt_titre=AND&titre=&opt_cle
_fr=AND&mots_cle_fr=&opt_mots_cle_eng=AND&mots_cle_eng=&opt_mots_cle_esp=AN
D&mots_cle_esp=&action=find#
```

Exemple d'URL envoyé par le formulaire présenté ci-dessus

```
http://172.16.33.42:8983/solr/select/?
q=transport+AND+AUTEUR:pawson+AND+LIEU_GEO:europe&sort=DATE_PUBLI+asc
```

Requête résultante des paramètres et leurs valeurs

Suite à la conception de cette requête (par défaut avec un tri sur la date de publication), nous interrogeons Solr en HTTP avec cette dernière qui va nous renvoyer une réponse au format XML.

3.3.2.2 Suggestion de termes :

La suggestion de termes au sein de la page de recherche effectue ni plus ni moins qu'une requête de même façon que le fera la validation d'une recherche générale. Cependant, la requête est envoyée selon un tri par champ renseigné et ceux à chaque nouveau caractère entrée. Le principe fonctionne en Ajax afin de concevoir la requête, l'envoyer et récupérer le résultat sans rechargement de la page actuel pour le client. On récupère dans une « div » une liste de résultat avec un nombre de résultat qu'il procurera.

Le type de la requête est une recherche en tri à facettes. En effet, ce type de recherche est particulièrement bien adapté car celle-ci s'applique sur un champ décrit dans le schéma Solr et renvoi toutes les réponses vérifiant le terme en requête. Le nombre de réponses correspondantes pour une réponse donnée est également fourni.

```
q=AUTEUR:p*&facet=on&facet.field=AUTEUR&facet.prefix=p&facet.mincount=1&rows=0&facet.li-
mit=10&facet.sort=false
```

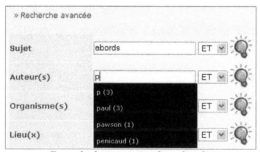

Exemple de suggestion de recherche

3.3.2.3 Schéma du principe

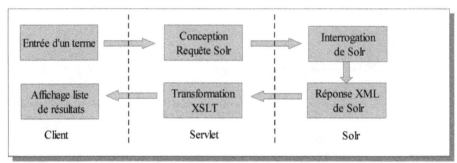

Schéma du processus de recherche

3.3.3 Consultation

Suite à la conception de cette requête (par défaut avec un tri sur la date de publication), nous interrogeons Solr en HTTP avec cette dernière qui va nous renvoyer une réponse au format XML:

```xml
<?xml version="1.0" encoding="UTF-8"?>
<response>
  <lst name="responseHeader">
    <int name="status">0</int>
    <int name="QTime">0</int>
    <lst name="params">
      <str name="q">transport AND AUTEUR:pawson AND LIEU_GEO:europe</str>
      <str name="sort">DATE_PUBLI asc</str>
    </lst>
  </lst>
  <result name="response" numFound="1" start="0">
    <doc>
      <arr name="AUTEUR">
        <str>PAWSON, Eric</str>
      </arr>
      <str name="CLE">Urbamet-0000003</str>
      <str name="COPROD">DREIF</str>...
```

Extrait de la réponse XML de Solr

Nous récupérons ce flux de données XML et le transformons avec une présentation adaptée tel que HTML par exemple:

Résultat de la recherche en HTML

3.3.3.1 Notion de pipeline: des transformations successives

On remarquera que l'application fonctionne avec des systèmes dit de « pipeline ». On définit un pipeline comme une méthode par laquelle on peut isoler les différentes étapes d'un processus sachant que la sortie d'une instruction sera l'entrée d'une autre. La création de ces enchaînements fait penser à la technique utilisée dans Cocoon (match, generate, transform, serialize). C'est en effet, globalement la même méthode employée.

Par exemple, la séquence d'instructions pour l'édition de notice illustre le principe. Après la conception de la requête Solr et son interrogation, le résultat XML subi des transformations successives. On reçoit une requête de l'application qui interroge Solr. (Cf. annexe 3 pour le code Java)

XML 'Response' → Agrégation avec schéma RDFS → Transformation XML 'Record' →

Agrégation avec schéma RDFS → Transformation HTML-XForms → Transformation HTML

Schéma d'un exemple de processus

3.3.3.2 L'internationalisation

L'application a été conçue de manière à pouvoir internationaliser le contenu des pages. En effet, l'application utilise un système de 'locale' (variable de session/request) qui permet de conserver la langue utilisée par défaut ou de basculer vers une autre parmi celles proposées.

L'internationalisation de l'application repose sur 2 procédés: la Java Standard Tag Library (JSTL) pour les pages JSP et du XML pour les feuilles XSLT. En effet, le contenu conçu par des transformations XSL n'est pas interprété en JSP. Il faut donc le traduire en amont. En Java (JSP), la traduction est rendue possible par l'utilisation de la JSTL dans laquelle on va chercher le contenu dans des ressources extérieures (fichiers '*.properties') selon la locale qui est précisée à la page. Pour les XSL, on fournit en paramètre la locale où la XSL va également chercher dans des ressources extérieures le contenu souhaité (fichiers '*.xml').

On nomme ces ressources 'catalogues' car ils contiennent la majorité du contenu de l'application et sont disponibles en plusieurs langues.

Les fichiers properties :

Ils se trouvent dans **'WEB-INF/classes/'** et fonctionne suivant un principe de mapping : 'key=valeur'. Le # permet l'ajout de commentaire. Les noms de fichiers doivent respecter le nom du catalogue appelé et leur structure doivent contenir aussi la locale du fichier: *'lang_en.properties'*.

```
lang=en
sens=ltr
titreH1=Project references documentary French / Arabic
# Pour le menu
accueil=Home
recherche=Search
...
```

Extrait de 'lang_en.properties'

Le fonctionnement au sein des pages JSP est simple, on récupère la locale courante qui sera appliquée dans la JSP avec <fmt:setLocale>, puis définit l'espace d'utilisation du catalogue avec <fmt:bundle basename='lang'>et on interroge ce dernier avec <fmt:message key='...'/>.

```
...
<%@ taglib uri="http://java.sun.com/jsp/jstl/fmt" prefix="fmt" %>
...
<fmt:setLocale value="<%=response.getLocale()%>" />
<fmt:bundle basename="lang">
...
<h2><fmt:message key="panier"/></h2>
...
```

Exemple d'utilisation dans une JSP

Les fichiers XML :

Ils se trouvent dans **'XSL/catalogues/'** et fonctionne également avec un système de mapping. On définit sa clés et sa valeur.

```
<?xml version="1.0" encoding="UTF-8"?>
<catalogue xml:lang="en">

        <!-- page theme -->
        <message key="themes">Themes</message>
...
```

Extrait de 'lang_en.xml'

```
<?xml version="1.0" encoding="UTF-8"?>
<xsl:stylesheet version="1.0"
        xmlns:xsl="http://www.w3.org/1999/XSL/Transform"
        xmlns:fmt="http://java.sun.com/jsp/jstl/fmt"
        exclude-result-prefixes="xsl fmt">
<xsl:output method="xml" omit-xml-declaration="yes" media-type="text/html"
indent="yes"/>
<!-- paramètres de la xsl -->
<xsl:param name="lang"/>
<!-- On importe les catalogues de traduction -->
<xsl:variable select="document(concat('/XSL/catalogues/lang_',
$lang,'.xml'))/catalogue" name="catalogue" />

 <xsl:template match="erreur">
        <h2><xsl:value-of
select="$catalogue/message[@key='resultat_recherche']"/></h2>
        <br/>
        <h3><xsl:value-of select="."/></h3>
 </xsl:template>...
```

Exemple d'utilisation dans une XSL

3.3.4 Administration

L'application possède un espace d'administration accessible par un formulaire d'accès. Cette zone administrative se découpe en plusieurs fonctionnalités avec notamment l'ajout de notices en index, la suppression de notices de l'index et une maintenance sur l'index.

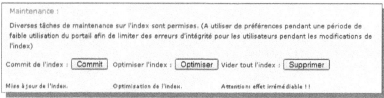

Formulaires de maintenance de l'index

3.3.4.1 Indexation

Après renseignement du chemin d'accès aux lots de notices à ajouter, la servlet s'occupe de parcourir le répertoire récursivement. On vérifie les noms de fichiers lus et leur extension en utilisant une expression irrégulière. Ainsi pour chaque notice XML valide, on la lie à la volée pour la transformer via XSLT en une notice formatée pour un ajout vers Solr (<add>) puis enfin elle est postée. La transformation XSL se déroule en fonction du schéma RDFS pour garantir la conformité des notices. Un « commit » est réalisé à la fin lorsque toutes les notices ont été envoyées afin de mettre à jour l'index. Un « log » des erreurs est également affiché afin de tenir l'utilisateur au courant des problèmes survenus.

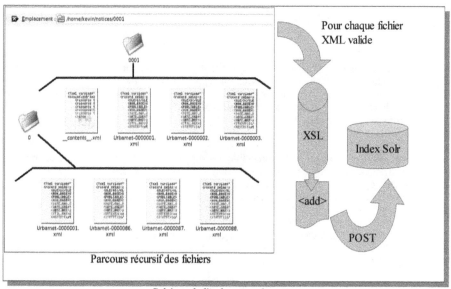

Schéma de l'indexation de notices

3.3.4.2 Édition

Comme évoqué dans les besoins, la possibilité de modifier des notices a été pris en compte. Cependant, les notices étant différentes entre elles et selon les bases utilisées, un système de création de formulaire se devait d'être conçu afin de gérer automatiquement l'enchaînement des actions. Pour se faire, une solution adéquate choisie précédemment s'est vue employée pour générer des formulaires avancées: XSLTForms.

Afin de créer cet automatisme, la conception du formulaire d'édition se base sur le schéma RDFS de la base utilisée pour obtenir l'ensemble des champs existants dans une notice ainsi que la notice en elle-même pour récupérer le contenu.

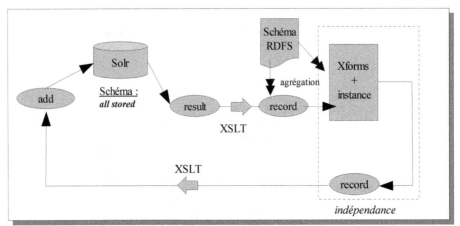

Circuit de modification et sauvegarde de notices

Au sein de ce circuit, on conserve une intégrité des documents via les références au schéma RDFS. En effet, pour la création du <record>, on supprime dans cette étape, les champs présents dans la notice mais qui n'existeraient pas dans la référence du schéma. Dans un second temps, on crée le formulaire Xforms tout en se confortant au schéma RDFS afin d'y ajouter les champs qui ne seraient pas renseignés dans la notice. Toutes ces étapes sont réalisées à l'aide d'agrégation XML et de transformations XSLT.

Il est à noter que la conception du formulaire de modification s'effectue par une étape de transformation XSLT supplémentaire. Les formulaires Xforms n'étant pas encore supportés nativement par les navigateurs, nous utilisons XSLTForms, outil sous forme de feuille XSL qui convertit le formulaire Xforms en formulaire HTML complété de Javascript pour reproduire un Xforms.

La création du Xforms peut être indépendante de l'application. On peut tout à fait mettre ce type de formulaire Xforms en place dans d'autre implémentation, car elle repose que sur des transformations XSLT.

3.4 Réflexions sur le choix du libre

Entreprendre un projet basé sur du logiciel libre est sujet à réflexions. Bien qu'il puisse apporter son lot d'avantage face à un logiciel propriétaire, il n'a pas que des bénéfices.

3.4.1 Des avantages et des inconvénients

Les logiciels libres disposent souvent des dernières fonctionnalités à la mode et sont donc généralement compétitifs. Les développements sont orientés sur des tâches précises et sont ainsi spécifiques et ne se limitent pas à des fonctionnalités globales ou approximatives. Un logiciel libre engendre surtout une communauté avec lui. Celle-ci apporte l'intervention et la connaissance d'un grand nombre d'intervenants synonyme d'efficacité et de performances sur du long terme. Ces interventions régulières apportent un cycle de détection et correction de « bugs » assez courts qui rendent les logiciels libres fiables et réactifs. Le respect des standards est de mise afin de garantir une interopérabilité avec aussi l'utilisation de formats ouverts pour les formats de fichiers ou les protocoles de communication. Enfin la disponibilité du code source permet de réadapter à ses besoins l'existant et garantit une pérennité du logiciel.

Mais le libre présente aussi son lot d'inconvénients. La diversité des applications, des bibliothèques et outils peut impliquer des difficultés pour les faire communiquer entre eux. Un travail d'intégration à différents niveaux est souvent requis et provoque un coût en développement non négligeable sans parler de problèmes de redondance (de bibliothèques par exemple). Pour le développement ou l'amélioration d'un logiciel libre, les moyens humains, financiers et temporels sont à prendre en compte. Selon ces contraintes et les besoins, plusieurs logiciels peuvent s'équivaloir sans être complet pour autant aux niveaux de leurs fonctionnalités. En effet, certains domaines ne seront pas forcément couverts si les développeurs n'en n'ont pas l'usage pour leurs utilisateurs. Enfin, il faut savoir qu'un logiciel libre n'est pas gratuit. Sa conception et son utilisation ont des coûts qui peuvent être élevés.

3.4.2 Le coût d'un logiciel libre

Pour une entreprise, il est nécessaire de disposer de ressources humaines et de compétences techniques suffisantes pour la conception ou le déploiement (installation) ainsi que la maintenance d'un logiciel libre. Il peut en ressortir de faire parfois appel à de la sous-traitance. Des études sont à mener avant de se lancer dans le logiciel libre. On parle de la notion de TCO (Total Cost Ownership). Le coût total de possession est un coût qui intègre l'ensemble des éléments constitutifs d'un produit manufacturé. Les éléments constitutifs d'un logiciel libre sont notamment les dépenses de conception, de mise en route (installation, formation...), les dépenses de fonctionnement (fonction de l'usage prévu et sa maintenance), les dépenses d'arrêt de fonctionnement, les recettes qu'il peut produire...

3.4.3 Un choix qui n'est pas dogmatique

Il ne faut pas choisir le logiciel libre pour de « mauvaises raisons ». L'opinion que l'on en a ne doit pas être catégorique. En effet, l'approche d'un logiciel libre peut convenir ou non selon les contextes. Parmi lesquelles, il faut opter pour ses diverses caractéristiques à différents niveaux:

- ✔ Qualité ?
- ✔ Ouverture et interopérabilité ?
- ✔ Adaptabilité ?
- ✔ Indépendance ?
- ✔ Pérennité ?
- ✔ Partage ?
- ✔ Réactivité ?

Les réponses varient selon les besoins et les ressources disponibles. Le choix du logiciel libre est le résultat d'une réflexion argumentée et étudiée en considérant tout les coûts et en fixant tout les détails du projet. L'avenir de la solution et de son évolution doit être envisagé dès le début pour savoir si celle-ci aura une nécessité d'assurer sa maintenance ou s'il faudra se garantir une possibilité d'intervention interne ou externe.

On retiendra que opter pour la voie du logiciel libre permet surtout de rester libre dans ses choix pour sa solution informatique.

3.5 Difficultés, limites du développement et améliorations

3.5.1 Difficultés

Durant ce stage, de multiples difficultés ont été rencontrées. La difficulté majeure de ma mission fut de choisir quelle solution mettre en place. Loin d'être un choix à la légère, il oblige par une analyse et une étude avancée, à vérifier toutes les spécifications que la solution choisie pourra valider selon les besoins. Avoir une vue globale de l'ensemble du projet n'est pas simple et cela demande d'envisager toutes les étapes du projet afin de concevoir sans mauvaise surprise.

La connaissance de Solr n'est pas un point négligeable. Le prototype d'application reposant sur cet outil, je me devais de bien comprendre son fonctionnement afin de le paramétrer au mieux et concevoir les requêtes nécessaires à la recherche et à la récupération de données. Bien qu'il existe des documentations officielles, les explications et les exemples d'utilisation à son sujet sont encore restreints. Cependant, des travaux d'études effectués par un stagiaire précédent du Pandoc et les projets universitaires sur le sujet m'ont fortement aidé.

Du coté technique, certains développements m'ont posé problème. Il y a notamment les problèmes d'encodage assez récurrents dans l'ensemble du projet (navigateur, Solr, servlet, JSP, HTML). Une des solutions pour résoudre ces problèmes a été de mettre en place des fonctions de conversion d'encodage pour en utiliser exclusivement de l'UTF-8.

La mise en place de l'internationalisation globale de l'application n'a pas été simple. En effet, pensant la gérer entièrement en JSP avec un système de « taglib », je me suis rendu compte que le contenu créé par des transformations XSL ne pouvait finalement pas être interprété. C'est alors que le choix d'opter pour un second système de traduction a été décidé. (mise en place de catalogue XML).

3.5.2 Améliorations

Bien que le prototype d'application soit fonctionnel, ce dernier laisse entrevoir un certain nombre d'amélioration coté fonctionnalités ainsi que technique.

Une des notions importantes ici est la persistance des données. Elle est actuellement basée sur l'index de Solr. Il est à noter que c'est pour le moment un choix volontaire mais il n'est pas forcément le plus adapté. Un index est un outil conçu à la base pour la recherche et non pour la conservation des données. Stockant toutes les informations des notices dans cet index, il peut se voir devenir très important sur un très large lot de notices affectant les performances de Solr et la vélocité des recherches. Les lots de notices sont gérés par l'application Notix, une évolution pour connecter les bases Exist des notices serait envisageable. Cependant, les fonctionnalités de modifications au sein du prototype d'application devront être reléguées à Notix.

Le prototype d'application développée en J2EE repose sur un principe de conception objet. Cependant, cette notion, bien qu'elle soit utilisée n'est pas exploitée à tous les niveaux. Lors d'évolution de développements, un renfort d'une conception objet peut être envisageable pour se délaisser d'un développement plus procédurale.

Pour les documentalistes, la suggestion de termes dans les formulaires de recherche est un précieux outil. Il renseigne les termes que l'on souhaite rechercher sous forme de liste. Cependant, le tri de

---

cette liste est en fonction du codage de ces caractères (unicode). Ainsi un « é » arrivera après un « z », ce qui n'est pas souhaitable. Un tri alphabétique serait mieux adapté à la situation. L'utilisation d'un patch pour la version 1.3 de Solr et d'un nouveau filtre ont été utilisé sans succès pour remédier à ce problème. La prochaine version de Solr (1.4) devrait pouvoir résoudre ce problème.

Une application de consultation se doit de pouvoir rendre les notices bibliographiques sélectionnées sous différents formats pour facilité leur diffusion. Les différents formats de sorties tels que PDF, ODT, RTF ne sont pas encore gérés. En effet, les feuilles de transformations ne sont pas conçues, et certains outils ne sont pas encore mis en place (exemple de fop pour les PDF). Cependant, les bases pour leur implémentation dans l'application sont présentes.

Permettre des automatismes plus poussés au sein du prototype d'application pour réduire au minimum les corrections manuelles pourrait être très intéressant. En effet, le formulaire de recherche général est entièrement rédigé à la main ainsi que le mapping dans la servlet. Pour un schéma donné, la génération du formulaire de recherche en fonction du schéma général semble réalisable, beaucoup moins dans le cas d'un schéma personnalisé (non généré par la feuille XSL).

Comme tout développement, de multiples améliorations mineures peuvent être apportées. Par exemple, les systèmes de log pour l'indexation ou une description des problèmes survenus dans des fichiers textes plutôt que dans les « log catalina » de Tomcat qui peuvent être noyés d'informations …

Afin de facilité la traduction d'une application, l'internationalisation pourrait être mieux adaptée et surtout réduite à une seule méthode. Enrichir les catalogues paraît également nécessaire.

Conclusion

Bilan

La mission que j'ai effectuée au PANDoc consistait à développer un prototype d'application de consultation et de recherche de notices bibliographiques. L'analyse du projet et les études des solutions pour développer le prototype d'application m'ont amené à faire des choix puis à développer ce dernier. Mêlant de multiples connaissances, ce stage touchait précisément au domaine de l'informatique documentaire. Il a été une vraie complémentarité à la formation reçue en ayant l'avantage de faire utiliser un grand nombre de compétences apprises et de m'apporter aussi des nouvelles connaissances que la formation n'a guère le temps de nous offrir. Le projet qui m'a été confié était un projet très intéressant car très complet. Il partait d'une analyse des besoins et des contraintes en passant par des études et des réflexions afin de concevoir au mieux un produit final. Mes compétences dans le domaine du développement web ont été plus que renforcés en tout point grâce aux recherches sur les architectures applicatives, les divers frameworks ainsi que l'utilisation de nombreux outils et langages employés.

Les objectifs ont majoritairement été rempli. Le prototype d'application est fonctionnel bien qu'il puisse encore être amélioré. Par le travail que j'ai accompli, une application de consultation et de recherche conçue par le prototype se décharge maintenant des anciennes solutions SDX / Cocoon. Elle devient indépendante mais reste tout de même complémentaire à Notix via les schémas RDFS.

Apports personnels

Bien que j'ai pu renforcer mes connaissances informatiques et documentaires, ce stage m'a appris de nombreuses choses, il m'a permis de me défaire d'un rythme ou de méthodes de travail universitaire pour me tourner vers un cadre professionnel. Le projet sur lequel j'ai travaillé s'immisce dans la poursuite d'un projet universitaire et d'études préalables (Solr). Dans le contexte du service du Pandoc, cela m'a permis de bien comprendre toutes les finalités du projet de ma mission. Pour ce qui est de l'ensemble lui-même, ce stage a élargi ma vision du travail et m'a permis d'aboutir à des choix dans mon orientation future. De plus, j'ai découvert un secteur du travail que je ne connaissais pas. J'ai ainsi pu avoir une vision d'ensemble des rôles de chacun dans ce service d'informatique documentaire, animé par une équipe en tous points sympathiques sur le plan relationnel.

Glossaire

Abréviations des entités :

CDAT : Centre de Documentation de l'Aménagement du Territoire

CDU : Centre de documentation de l'urbanisme

CETE NP : Centre d'Études Techniques de l'Équipement Nord Picardie

CSNEE : Centre Serveur National de l'Équipement et de l'Environnement

DIODE : Département Informatique, Organisation et Documentation électronique

DRAST : Direction de la Recherche et de l'Animation Scientifique et Technique

DREIF : Direction Régionale de l'Équipement d'Ile-de-France

DOCAMENOR : DOCumentation AMEnagement du NORd

MEEDDAT : Ministère de l'Écologie, de l'Énergie du développement durable et de l'aménagement du territoire

PANDOC : Point d'appui National Documentaire

Sigles :

ACAI : Architecture Commune des Applications Informatiques

API : Application Programming Interface

GPL : General Public License

JSON : JavaScript Object Notation

JSP : JavaServer Pages

ODT : OpenDocument

PDF : Portable Document Format

SDX : Système Documentaire en XML

SGBD : Système de Gestion de Base de Données

URL : Uniform Resource Locator

XML : Extensible Markup Language

XSLT : Extensible Stylesheet Language Transformations

XSP : XML Server Pages

Bibliographie

Ecrits :

- Eric Freeman, Elisabeth Freeman, 2005. *Head First Design Patterns*.
  Paris : Editions O'Reilly.
- Bert Bates, Kathy Sierra, Bryan Basham, 2005, *Head First Servlets and JSP*
  Paris : Editions O'Reilly.
- Grégoire Neuville, 2008. *Rapport de Stage, Développement d'un portail de Recherche Fédérée basé sur Apache Solr.*

Sites web :

- http://www.w3.org/
- http://www.developpez.net/
- http://www.java2s.com
- http://www.siteduzero.com/
- http://wicket.apache.org/
- http://fr.wikipedia.org
- http://lucene.apache.org/solr/
- http://wiki.apache.org/solr/
- http://www-igm.univ-mlv.fr/~dr/XPOSE2008/Apache%20Solr/index.html
- http://www.ibm.com/developerworks/java/
- http://xulfr.org/wiki/XForms
- http://www.chiba-project.org:8080/chiba/
- http://www.agencexml.com/xsltforms
- http://www.cafeconleche.org/
- http://www.zvon.org/xxl/XSLTreference/Output/index.html

Annexes

Annexe 1 : Extrait de la circulaire ACAI

Circulaire architecture commune des applications informatiques par le ministre de l'équipement, des transports, de l'aménagement du territoire, du tourisme et de la mer.

Circulaire DPSM/SI n° 2005-25 du 30 mars 2005 - NOR : EQUP0510081C
objet : Actualisation de l'architecture commune des applications informatiques (Acaï)
références :
    – Circulaire n° 2002-58 du 23 septembre 2002
    relatif à la réalisation des applications informatiques ;
    – Circulaire du 4 décembre 2002 du Premier ministre relative à la mise en oeuvre de la deuxième version du cadre commun d'interopérabilité pour les échanges et la compatibilité des systèmes d'information publics ;
    – Circulaire du 7 octobre 1999 du Premier ministre relative aux sites internet des services et des établissements publics ;
    – Loi n° 2005-102 du 11 février 2005 pour l'égalité des droits et des chances, la participation et la citoyenneté des personnes handicapées - NOR: SANX0300217L.
internet : http://www.equipement.gouv.fr/informatique/acai/
http://www.adae.gouv.fr/
intranet : http://intra.dpsm.i2/si/si2/dossiers/developpement/acai/

En 2002, le ministère a fait le choix d'une architecture d'application fondée sur l'utilisation des technologies issues de l'Internet et du langage de programmation Java pour la réalisation de ses projets informatiques.

Ce choix a rendu possible l'ouverture de nos systèmes d'information au public et à nos partenaires tel que souhaité par le gouvernement, ce que ne permettait pas la technologie précédente. L'hébergement centralisé des applications a aussi permis des économies de moyens en mutualisant les coûts d'infrastructure et d'exploitation et en affectant les missions afférentes à des équipes spécialisées.

Les maîtrises d'ouvrage peuvent désormais disposer d'une vision automatiquement consolidée des données saisies par les services sans que cela ne nécessite de traitements préalables comme c'était l'usage autrefois.

Pour accompagner les maîtrises d'ouvrage et les maîtrises d'œuvre dans la réalisation de leurs projets, la circulaire du 23 septembre 2002 d'une part formalisait cette architecture commune des applications informatiques (Acaï) au moyen d'un cahier des clauses techniques générales décrivant les principes structurants et de trois guides explicitant les règles d'implémentation à respecter.

La circulaire définissait également une procédure de validation des projets par DPSM/SI afin de vérifier la conformité des développements aux recommandations, de s'assurer du respect d'une démarche professionnelle dans la gestion des projets et de détecter ainsi précocement les projets ayant besoin d'une assistance.

L'expérience acquise au fil des deux dernières années et les fortes évolutions techniques dans le domaine du développement d'applications conduisent aujourd'hui à actualiser le référentiel Acaï dans l'objectif d'améliorer encore la qualité des projets.

Ainsi, la nouvelle version (1.5) ci-jointe du cahier des clauses techniques générales et des guides associés devient applicable à tout nouveau projet ou refonte de projet existant.

Les principales modifications concernent :

• L'actualisation du référentiel de normes techniques et son unicité pour toute les applications, qu'elles soient destinées à l'intranet ou à l'internet ;

• La prise en compte des exigences d'accessibilité définies par la loi pour l'égalité des droits et des chances, la participation et la citoyenneté des personnes handicapées ;

• L'usage des composants standard « Struts » pour les fonctions de présentation et « Log4J » pour la gestion d'erreurs des applications est désormais obligatoire ;

• L'actualisation de la liste des navigateurs devant être supportés, notamment Mozilla Firefox 1.0, navigateur issu du monde du logiciel libre ;

• Le choix d'une base de données libre, PostgreSQL pour l'ensemble des développements, Oracle (produit propriétaire) devenant dérogatoire ;

• L'adoption des standards et normes ouverts de l'Open Geospatial Consortium pour les fonctions cartographiques ;

• La prise en compte du format bureautique d'OpenOffice.org ;

• L'utilisation obligatoire du composant « Cactus » pour l'authentification des télé procédures ;

• L'obligation de fournir dans les applications des fonctions d'export de données exploitables dans des tableurs.

Les guides complémentaires existants ont été modifiés en conséquence et définissent de nouvelles règles pour une utilisation pertinente des techniques retenues. Par ailleurs, un guide de modélisation détaillant la mise en pratique de la méthodologie d'analyse UML est proposé à titre pédagogique aux chefs de projets informatiques (cf. liste des documents en annexe).

La procédure de validation des applications annexée à la circulaire n° 2002-58 du 23 septembre 2002 n'est pas modifiée et reste applicable.

L'ensemble des documents composant le référentiel Acaï peut être consulté sur le site internet du ministère à l'adresse « http://www.equipement.gouv.fr/informatique/acai/ ».

Les maîtres d'ouvrage et les maîtres d'oeuvre sont donc invités à réaliser leurs nouveaux projets ou évolutions majeures d'applications conformément aux spécifications du référentiel technique défini par la présente circulaire et dans le respect de la procédure de validation précitée.

Dans ce contexte, un effort particulier devra être porté sur l'utilisation adéquate des technologies préconisées de manière à minimiser les ressources réseau consommées par les applications.

Annexe 2 : Diagrammes de Gannt

Diagramme de Gantt : Analyse et Étude

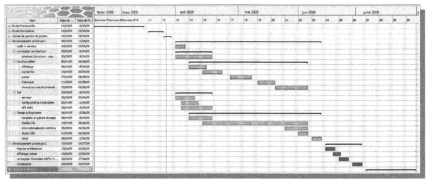

Diagramme de Gantt : Conception et Documentations

Annexe 3 : Extrait d'une suite de transformations

```java
//on crée la requête lucene pour afficher les notices
String id = request.getParameter("id");
//on crée la requête lucene via les id en paramètres
reqSimple+="CLE:"+id;
//on interroge solr (xml en string)
repXML = requestSolr(reqSimple);
//on récupère le contexte de l'application (chemin réel)
String ctx = getServletContext().getRealPath("") ;
// on lit le RDFS (celui par defaut)
String fichierRDFS = InputStream2String(new URL("file",
"",ctx+baseNotice).openStream());;
// agrégation du XML solr response et schéma RDFS -> pour créer un <record>
valide (pas de champ non existant dans le schéma)
repXML = AggregationXML(string2InputStream(repXML),
string2InputStream(fichierRDFS));

// on recrée la notice solr <response> en notice notix <record>
transformation = transformXSLT(string2InputStream(repXML),
(String)params.get("xslSolr2Notix"),null);

// agrégation du XML <record> et schéma RDFS -> pour créer un formulaire avec
tout les champs même ceux non renseigne dans la notice de base
transformation = AggregationXML(string2InputStream(transformation),
string2InputStream(fichierRDFS));

// on crée le formulaire XForms a partir du schema + notice xml <record>
transformation = transformXSLT(string2InputStream(transformation),
(String)params.get("xslNotix2Xforms"),null);

// on génère le formulaire XForms avec XSLTForms pour le gérer en ajax et
permettre une compatibilité (car xforms non natif dans les navigateurs)
transformation = transformXSLT(string2InputStream(transformation),
(String)params.get("xslXsltForms"),null);

request.setAttribute("content", transformation);
// on envoie la page sur une jsp
getServletContext().getRequestDispatcher((String)params.get("urlResultat")).fo
rward(request, response);
return;
```

Extrait du code d'édition de notice 'controleur.java'

ÉDITIONS
UNIVERSITAIRES
EUROPÉENNES

Une maison d'édition scientifique

vous propose

la publication gratuite

de vos articles, de vos travaux de fin d'études, de vos mémoires de master, de vos thèses ainsi que de vos monographies scientifiques.

Vous êtes l'auteur d'une thèse exigeante sur le plan du contenu comme de la forme et vous êtes intéressé par l'édition rémunérée de vos travaux? Alors envoyez-nous un email avec quelques informations sur vous et vos recherches à: info@editions-ue.com.

Notre service d'édition vous contactera dans les plus brefs délais.

Éditions universitaires européennes
est une marque déposée de
Südwestdeutscher Verlag für
Hochschulschriften GmbH & Co. KG
Dudweiler Landstraße 99
66123 Sarrebruck
Allemagne

Téléphone : +49 (0) 681 37 20 271-1
Fax : +49 (0) 681 37 20 271-0
Email : info[at]editions-ue.com
www.editions-ue.com

www.ingramcontent.com/pod-product-compliance
Lightning Source LLC
La Vergne TN
LVHW042347060326
832902LV00006B/442